# Praktische Erlebnis-pädagogik 1

**Bewährte Sammlung motivierender Interaktionsspiele – Band 1**

10. überarbeitete Auflage

Annette Reiners
Illustrationen von Wolfgang Schmieder

ziel
Gelbe Reihe : Praktische Erlebnispädagogik

Dieser Titel ist auch als eBook erhältlich
ISBN 978-3-96557-053-5

Sie finden uns im Internet unter
www.ziel-verlag.de



Bibliografische Information der Deutschen Nationalbibliothek
Die Deutsche Nationalbibliothek verzeichnet diese Publikation in der Deutschen Nationalbibliografie; detaillierte bibliografische Daten sind im Internet über *http://dnb.d-nb.de* abrufbar.

Printed in Germany

ISBN 978-3-96557-052-8 (Print)

Verlag: ZIEL – Zentrum für interdisziplinäres erfahrungsorientiertes Lernen GmbH
Zeuggasse 7–9, 86150 Augsburg, www.ziel-verlag.de
10. überarbeitete Auflage 2019, Nachdruck 2024

Gesamtherstellung: **FRIENDS** Menschen Marken Medien
www.friends.ag

Klimaneutral gedruckt mit mineralölfreien Druckfarben auf möglichst umweltschonend produziertem Papier.

Wenn ich mein Leben noch mal leben könnte, würde ich versuchen mehr Fehler zu machen. Ich würde mich entspannen. Ich würde bis zum Äußersten gehen. Ich würde alberner als bei diesem Trip sein. Ich würde weniger hygienisch sein. Ich würde mehr Chancen wahrnehmen. Ich würde mehr unternehmen. Ich würde mehr Berge besteigen, in mehr Flüssen schwimmen und mehr Sonnenuntergänge beobachten. Ich würde mehr Eis und weniger Spinat essen. Ich würde mehr aktuelle Probleme und weniger eingebildete haben.
Wie du siehst, bin ich einer von den Menschen, die prophylaktisch und vernünftig und gesund leben. Stunde um Stunde, Tag für Tag. Oh, ich hatte meine Momente, und wenn ich noch mal leben könnte, hätte ich viel mehr. Eigentlich würde ich gar nichts anderes wollen. Einfach nur Augenblicke, einen nach dem anderen, anstatt so viele Jahre im Voraus zu leben und zu denken. Ich war eine von der Sorte Leute, die nirgendwohin ohne ein Thermometer, ein Gurgelwasser, einen Regenmantel und einen Fallschirm gehen. Wenn ich noch mal leben könnte, würde ich leichter reisen als bisher.
Wenn ich mein Leben noch einmal leben könnte, würde ich im Frühling früher anfangen, barfuss zu laufen und im Herbst später damit aufhören. Ich würde öfters die Schule schwänzen. Ich würde gute Noten nur aus Versehen schreiben. Ich würde öfter Karussell fahren. Ich würde mehr Gänseblümchen pflücken.
Wenn du dich andauernd nur schindest, vergisst du sehr bald, dass es so wunderschöne Dinge gibt, wie zum Beispiel einen Bach, der Geschichten erzählt, und einen Vogel, der singt.

*Nadine Stair (85 Jahre, Marathonläuferin)*

# Inhaltsverzeichnis

# Teil 2: Interaktionsspiele: erlebt, beschrieben und bewertet 61



## Interaktionsspiele der zweiten Stufe 67

## Interaktionsspiele der dritten Stufe 95



## Nachbesprechungshilfen 143

# Vorwort

Seit der 1. Auflage im Jahr 1991 haben die beiden Bände »Praktische Erlebnispädagogik 1 und 2« große Resonanz gefunden. Die jeweiligen Neuauflagen ermöglichten es, verschiedene Überarbeitungen vorzunehmen. Der bewährte Grundaufbau wurde aber stets beibehalten.

Die vorliegende 10. Auflage bietet wiederum die Gelegenheit, den Text zu aktualisieren. Dies betrifft insbesondere die einführenden theoretischen Überlegungen. Sie versuchen die Fragen zu klären »Was ist Erlebnispädagogik?« und »Was sind Interaktionsspiele?«, um anschließend die Vorteile einer Verknüpfung untersuchen zu können. Der zweite praxisorientierte Teil bietet dem Leser eine Auswahl erprobter Interaktionsspiele mit ausführlichen Beschreibungen und Anwendungshinweisen.

Mein besonderer Dank geht in diesem Zusammenhang an Prof. Dr. F. Hartmut Paffrath und an Alex Ferstl vom ZIEL-Verlag. Sie haben die 10. Auflage mit unglaublicher Akribie und Fachkundigkeit besser überarbeitet, als ich es gekonnt hätte. Ebenfalls danken möchte ich meinem ehemaligen Schulkameraden Wolfgang Schmieder, der liebe- und humorvoll schon für die 1. Auflage den Großteil der spielbeschreibenden Zeichnungen für dieses Buch angefertigt hat.

**Teil 1:**
Im Mittelpunkt steht zunächst das Schlagwort »Erlebnispädagogik« – ein Begriff, der eng verknüpft ist mit den Gedanken **Kurt Hahns**, der als Vater dieses Ansatzes gilt. Dass er nicht der Erfinder einer neuen Pädagogik war, machte Prinz Max von Baden deutlich, als man ihn auf die Besonderheiten der von Hahn ins Leben gerufenen Schule in Salem ansprach: »Hier ist alles gestohlen, und das ist gut so, von Hermann Lietz, der wie kein anderer wagte, Jungen zu Mitträgern der Verantwortung zu machen, von Goethe, von den englischen public schools, von den Boy Scouts, von der deutschen Jugendbewegung nach den Freiheitskriegen, von Plato. Sie werden nichts finden, wovon wir sagen können: das haben wir entdeckt.«[1] Die Erlebnispädagogik in der Konzeption Kurt Hahns ist daher als Teilbewegung der Reformpädagogik, die um die Jahrhundertwende einsetzte, zu sehen. Er gab mit ihr eine Antwort auf die Suche nach neuen Formen in der Erziehung, vor allem im schulischen Bereich. Dabei setzte er bereits vorformulierte Ideen anderer Pädagogen in die Tat um. In seiner Erziehung sollte nicht mehr die bloße Wissensvermittlung per Lehrbuch im Vordergrund stehen, sondern die Gesamtpersönlichkeit des Schülers, wobei die Betonung auf der Selbstentwicklung der schöpferischen Kräfte des Kindes lag (vgl. Kapitel 1.1).

Um die aktuelle Situation der Erlebnispädagogik und des erfahrungsorientierten Lernens geht es im Kapitel 1.2. Hier werden unter anderem Definitionsversuche und methodisch-didaktische Umsetzungsprinzipien des erlebnispädagogischen Ansatzes angesprochen. Die Entwicklungen, die gerade in der heutigen Zeit Erlebnispädagogik als alternatives Erziehungs- und Lernmodell für unterschiedlichste Zielgruppen interessant erscheinen lassen, beschreibt das Kapitel 1.3. Hierbei spielt vor allem die Frage des Transfers eine wichtige Rolle (Kapitel 1.4).

Die Klärung der Frage: »Was sind Interaktionsspiele?« hat nicht unerhebliche Probleme bereitet. Es gibt dazu zwar unzählige praktische Beispiele in der Literatur, jedoch kaum theoretische Abhandlungen. Deshalb wird der Leser einen Schritt seitwärts geführt: Zur Interaktionspädagogik, die über die Funktionsbereiche des sozialen Lernens nach Harm Prior erschlossen werden. Beides ist in den Kapiteln 2.1 und 2.2 behandelt. Daran schließt sich eine theoretische Grundcharakterisierung der Interaktionsspiele an (Kapitel 2.3), deren konkrete und detaillierte Beschreibung im eigentlichen Praxisteil erfolgt. In Kapitel 2.4 werden die unterschiedlichsten Interaktionsspiele anhand der Funktionsbereiche des sozialen Lernens systematisiert. Der Schwerpunkt der Betrachtung liegt dabei in einer Kategorisierung der Interaktionsspiele hinsichtlich ihrer Komplexität. Als Grobraster dienen die drei aufeinander aufbauenden intrapersonellen, interpersonellen und institutionellen Ebenen des sozialen Lernens. Diese werden auf die Stufen der Interaktionspädagogik übertragen, wobei sich die Komplexität der Spielsituation von Stufe zu Stufe steigert. Bei der ersten Stufe steht die einzelne Person im Blickpunkt. Daher versuchen die Spiele hier, das Selbstvertrauen, Selbstwertgefühl usw. der betreffenden Person zu steigern. Die zweite Stufe beschäftigt sich mit den zwischenmenschlichen Verhaltensmustern. Spiele dieser Stufe haben daher die Förderung der Kommunikationsfähigkeit und die Entwicklung von gegenseitigem Vertrauen zum Inhalt. In der dritten und letzten Stufe geht es um Lernprozesse, die eine Umsetzung der gewonnenen Handlungskompetenz in einer Welt außerhalb der Gruppe ermöglichen. Neben diesen stufenspezifischen Spielen werden auch stufenunabhängige Reflexionsübungen erwähnt, weil sie für den Transfer einen hohen Wert besitzen.

Nachdem die theoretische Beschreibung und Grundkategorisierung der Interaktionsspiele abgeschlossen ist, werden der erlebnispädagogische Ansatz und die Interaktionspädagogik miteinander verknüpft. Hieraus ergibt sich eine erstaunlich konstruktive Wechselwirkung: Einerseits haben erlebnispädagogische Maßnahmen für die Interaktionspädagogik großen Nutzen (Kapitel 3.1), andererseits sind auch Interaktionsspiele in der Erlebnispädagogik sinnvoll, ja fast unverzichtbar (Kapitel 3.2).

Die anschließende Zusammenfassung im vierten Kapitel bietet einen Gesamtüberblick und bezieht auch kritische Einwände mit ein. So geht es um den Widerspruch, den eine Verknüpfung des »Politischen Lernens« nach Prior und der »Erlebnispädagogik« in sich birgt. Es drängt sich dabei die Frage auf, ob gerade im Hinblick auf Jugendliche der Begriff »politische Teilhabe« zutreffend ist bzw. ob er nicht auf den übergeordneten Begriff »Kultur« erweitert werden sollte. Dieser Gesichtspunkt ist auch für die Gegenüberstellung der jeweiligen Schwerpunkte erlebnispädagogischer Angebote sowie der Stufen der Interaktionspädagogik bedeutsam.

Abschließend steht das Qualifikationsprofil eines Erlebnispädagogen im Focus. Welche Persönlichkeitsmerkmale zeichnen ihn aus? Welche fachlichen, pädagogischen, psychologischen und sozialen Kompetenzen sind notwendig, um verantwortungsvoll im Bereich der Erlebnispädagogik zu arbeiten?

**Teil 2:**

Im zweiten Teil dieses Buches dreht sich alles um die praktische Anwendung der Interaktionsspiele. Zunächst werden die Grundregeln der Spielanleitung besprochen, im Anschluss daran finden sich detaillierte Beschreibungen von Interaktionsspielen der zweiten und dritten Stufe. Diese Spiele haben weder den Anspruch, neue Spiele zu sein, noch habe ich sie selbst erfunden. Einen Großteil der Übungen habe ich in den erlebnispädagogischen Einrichtungen in Neuseeland kennen gelernt, der Urheber war für mich daher nicht feststellbar.

Die Beschreibungen der einzelnen Spiele gliedern sich in Ziele, Teilnehmerzahl, Altersgruppe, Materialien, Charakteristik des Spielablaufs, Variationsmöglichkeiten und Erfahrungen bzw. Tipps. Werden bei dem Abschnitt »Ziel« mehrere Angaben gemacht, so werden die Ziele entsprechend der Reihenfolge priorisiert. Bei den Teilnehmerzahlen und den Altersangaben berufe ich mich auf meine mit dem jeweiligen Spiel gemachten Erfahrungen, was aber nicht heißen soll, dass diese Daten nicht variabel wären. Auch bei dem verwendeten Material sind durchaus Änderungen möglich, sollten aber nur dann vorgenommen werden, wenn es die Sicherheit der Teilnehmer nicht gefährdet.
Bei der Übersicht über die Spiele im 2. Teil des Buches werden zu Beginn Interaktionsspiele der zweiten Stufe beschrieben. Zunächst Spiele, die als »warming up« dienen können (Kuschelfangen, Wäscheklammern, Rauslassen, Eingehängt, etc.). Danach folgen Spielbeschreibungen für Kommunikationsspiele (Tic Toc, Kommunikationschaos, Drunter und Drüber) und schließlich für Vertrauensspiele (Reise über Köpfe, Blind, Divergierendes Stahlseil, etc.).

Es schließen sich Beschreibungen von Interaktionsspielen der dritten Stufe (Problemlösungsspiele) an. Ihre obersten Ziele sind das Erlernen von Problemlösungsstrategien und die Zusammenarbeit.

Beispiele für spielerische Nachbesprechungsübungen enthält das Kapitel 2.3. Die ersten fünf Übungen (Metaplan, Wappen, Werbung, Teamarbeit, Effektive Arbeit) habe ich an den Anfang gestellt, da sie auch als Vorbereitungsübungen für Aktivitäten verwendet werden können. Die übrigen Spiele eignen sich vor allem als motivierender Anstoß für die kritische Betrachtung der eigenen Person wie auch der Gruppe in bestimmten Situationen, das Aufarbeiten von bestimmten Ereignissen und das Ausdrücken von Gefühlen.

*Annette Reiners*

# Teil 1

## Erlebnis- und Interaktionspädagogik

# 1. Was ist Erlebnispädagogik?

## 1.1 Das Hahn'sche Konzept

> *»Gebt den Kindern Gelegenheit, sich selbst zu entdecken ...*
> *Lasst sie Triumph und Niederlage erleben ...*
> *Weist ihnen verantwortlich Aufgaben zu, bei denen zu versagen,*
> *den kleinen Staat gefährden heißt ... Übt die Phantasie.«*[2]

Dies forderten die »Salemer Gesetze«. Salem ist eine Schule am Bodensee, die von Kurt Hahn in Zusammenarbeit mit Prinz Max von Baden und Karl Reinhardt 1920 gegründet wurde. Seit dieser Zeit ist die erfahrungsgestützte Einheit von Erziehung und Unterricht, von Leben und Lernen, ob in sozialer, akademischer oder musisch-kreativer Perspektive, Leitvorstellung der Salemer Pädagogik. Nach wie vor stehen dort die »Salemer Dienste«, Handwerk, Sport, Musik, eine Vielzahl von Arbeitsgemeinschaften und nicht zuletzt das Erfahrungsfeld »Internat« zusammen mit dem schulischen Unterricht für den ganzheitlichen Erziehungs- und Bildungsanspruch Hahns.

An dem Namen »Hahn« kommt man selbst heute nur schwerlich vorbei, will man die historischen Wurzeln der gegenwärtigen Gedanken und Thesen, die sich mit erfahrungsorientiertem Lernen beschäftigen, begreifen. Jean-Jacques Rousseau, John Dewey, Hermann Lietz und andere wie Henry David Thoreau gelten ebenfalls als entscheidende Wegbereiter der modernen Erlebnispädagogik, jedoch bestand Hahns Leistung darin, das Ideensammelsurium der unterschiedlichen Vordenker zu einem handlungs- und erlebnisorientierten Gesamtkonzept zusammenzufassen. Aus diesem Grund schätzt die pädagogische Szene gerade ihn und sein Modell der »Erlebnistherapie« noch heute als Urvater der Erlebnispädagogik. Deshalb ist an ihn und sein beeindruckendes Lebenswerk zu erinnern.

Als Kind jüdischer Eltern musste Hahn die Leitung von Salem 1933 aufgeben und floh ins britische Exil. Dort entwickelte er mit der Schaffung des Internats in Gordonstown sein Salemer System erfolgreich weiter. 1941 gründet er die erste Outward-Bound-Schule in Aberdovey und rief damit die Kurzschulbewegung ins Leben.

Im Hintergrund der Kurzschule und ihrer Mitfinanzierung durch die Navy stand die Erkenntnis, dass während des Seehandelskrieges bei erlittenem Schiffbruch wesentlich mehr ältere Seemänner die Notlage überlebten, während die körperlich fitteren, aber jüngeren starben. Diese Beobachtung wurde dem Erfahrungsvorsprung mit Grenz- und Krisensituationen und dem damit verbundenen festen Überlebenswillen und der Überwindungskraft, den die alten Seebären gegenüber den jungen Seefahrern hatten, zugerechnet. Hahn entwickelte daraufhin das Konzept des erfahrungsorientierten und erlebnisintensiven Trainings, um bei den jungen Menschen in der Marine das Erfahrungsdefizit gegenüber den älteren Seemännern, das sich in mangelnder Charakterstärke, Selbstvertrauen und Durchhaltevermögen ausdrückte, auszugleichen. Weil die Erziehung von jungen Menschen zu charakterlich gefestigten Bürgern auch in Friedenszeiten für eine Gesellschaft attraktiv war, überlebte das Konzept der Kurzschule das Ende des Krieges.

Im Unterschied zu den Kriegszeiten hingegen gewann nun aber auch der Aspekt an Bedeutung, dass eine auf die Ausbildung des freien Individuums zielende Erziehung nicht den Privatmenschen im Blick haben darf, sondern den um des Gemeinwohl willens engagierten Staatsbürger.

Das pädagogische Grundkonzept der Hahn'schen Überlegungen hatte daher zwei Erziehungsziele im Blickfeld: Die Charakterförderung des Menschen zum einen und zum anderen die Erziehung des Menschen zum verantwortungsvollen Denken und Handeln in einer auf freiheitlich-demokratischer Grundlage aufbauenden Gemeinschaft durch eine Auseinandersetzung mit sich selbst und der Umwelt.

Nach Ansicht Hahns litt die Jugend der damaligen Zeit an modernen Verfallserscheinungen, die sich äußerten in dem Verfall der körperlichen Tauglichkeit, der Selbstinitiative, der Geschicklichkeit und Sorgfalt, und der Fähigkeit der Empathie.[3] Er setzte diesen »Zivilisationskrankheiten« die bekannten vier Elemente seiner Erlebnistherapie entgegen, die erst in ihrer gegenseitigen Verzahnung ihre Wirksamkeit voll entfalten:

- Das *körperliche Training*, das Vitalität, Kondition, Mut und Überwindungskraft steigern sollte.[4] Hier konnten die Schüler zweierlei Arten von Erfahrungen machen: zum einen durch Selbstüberwindung und zum anderen durch Selbstentdeckung.[5]
- *Die Organisation von Expeditionen* in der Natur, die die schwindende Initiative bekämpfen und die Entschluss- und Überwindungskraft fördern sollte.[6]
- Das *Projekt* als weiteres Element stellte eine Aufgabe im handwerklichen, technischen oder geistigen Bereich dar, die Sorgsamkeit und Geduld erforderte und eine Entfaltung der Selbstständigkeit, Kreativität und Musikalität fördern sollte.[7]
- Den *Rettungsdienst*, der dem Schüler durch den Einsatz seiner eigenen Existenz für das Wohl eines Nächsten ein ganz neues Lebensverständnis vermitteln sollte.

Alle vier Elemente standen unter dem gemeinsamen Motiv des Erlebens, da Hahn von einer unbewussten Wirkung des Erlebnisses auf das Verhalten, die Einstellung und das Wertesystem des Betroffenen ausging.

Hahn vertrat gemäß der Ansicht von William James, dass nicht die Dauer eines Erlebnisses für einen Lernerfolg entscheidend ist, sondern der Intensitätsgrad und ebenso das Maß des persönlichen Engagements und Handelns. Ein Erlebnis und der daraus resultierende Erfolg oder Misserfolg hat demnach nur dann lerntheoretisch Einfluss auf den Jugendlichen, wenn es prägend genug ist. Nur dann bleibt die Erfahrung in der Erinnerung und kann den Jugendlichen in entscheidenden Augenblicken seines späteren Lebens helfen.

Aus all diesen Überlegungen heraus entstand eine Methode, in der physische und psychische Extremsituationen simuliert und trainiert wurden, um mithilfe dieser außergewöhnlichen Erfahrungen junge Menschen für die Anforderungen und Krisen des Lebens zielgerichtet zu wappnen.

Hahn starb am 14. Dezember 1974 in Salem.

## 1.2 »Moderne« Erlebnispädagogik

Mit Ausnahme der bereits 1951 nach britischem Vorbild gegründeten Outward-Bound-Schulen in Deutschland, begannen sich die Pädagogen in der Bundesrepublik erst in den 70er Jahren wieder intensiver mit dem erlebnispädagogischen Ansatz zu beschäftigen. Zu tief saß bis dahin die Sorge, dass nicht nur das Gedankengut und die Philosophie, sondern auch die Methoden der Erlebnispädagogik faschistisch orientiert sein könnten oder gar schon missbraucht werden.

Mittlerweile gibt es kaum eine Bildungsstätte, die sich nicht dem Modell des erlebnisorientierten Lernens zugewandt hat. Und aus der defizitorientierten Therapie für Jugendliche hat sich ein wachstumsorientiertes Konzept erlebnispädagogischen Handelns für die unterschiedlichsten Zielgruppen entwickelt. Erlebnispädagogik liegt im Trend als Therapie, als Maßnahme der Jugendhilfe, als Training von Schlüsselqualifikationen für Auszubildende und Manager, als Integrationshilfe für Behinderte etc.

Zahlreiche Fortbildungen und Zusatzausbildungen vom »Ropes-Course-Trainer« über »City-Bound-Maßnahmen«[8] bis hin zum waschechten »Erlebnispädagogen« werden von den unterschiedlichsten Trägern in selbstverständlich auch unterschiedlicher Qualität angeboten.

Seit den 1990er Jahren hat die Erlebnispädagogik einen rasanten Aufschwung erfahren. Neue Handlungsfelder und Zielgruppen wurden erschlossen, auch der Methodenkanon erweitert. Regelmäßig stattfindende Fachtagungen dokumentieren diesen Prozess und sind sichtbare Zeichen für die Fortentwicklung der Erlebnispädagogik.

Ein Beispiel ist der 1997 ins Leben gerufene Internationale Kongress »erleben und lernen«. Hier trifft sich die Szene, begegnen sich Theorie und Praxis. Es ist eine offene Plattform, die über den nationalen Raum hinausweist und den interdisziplinären Diskurs sucht. Diskutiert werden aktuelle Herausforderungen, Grundsatzfragen, Zukunftsperspektiven. Einblick in diesen lebendigen Prozess vermitteln die jeweiligen Kongressdokumentationen. Anfang und Aufbruch signalisiert mit seinem programmatischen Titel »Zu neuen Ufern« der erste Tagungsband.[9] Spezielle Aspekte erlebnispädagogischer Arbeit schließen sich an, so z. B. die Macht der »Metaphern« (1999),[10] »Ansätze konstruktiven Lernens« (2003)[11] oder der »Nutzen des Nachklangs« (2004)[12]. Dass die Erlebnispädagogik nicht nur auf die Persönlichkeitsbildung des Einzelnen oder gar die bloße Vermittlung von Soft Skills ausgerichtet sein darf, verdeutlichen die thematischen Schwerpunkte der Kongresse: »Verantwortung für die globale Welt« (2008)[13] sowie die Einbeziehung der »gesellschaftspolitischen Dimension« (2018).[14]

Eingang hat die Erlebnispädagogik inzwischen auch in den akademischen Raum gefunden und sich zu einer eigenständigen Teildisziplin bzw. einem Teilgebiet der Pädagogik entwickelt. Damit eröffnet sich die Möglichkeit, wissenschaftlich zu forschen, die Praxis zu begleiten und zu fundieren.

Charakteristisch für die moderne Erlebnispädagogik ist ebenfalls die in den letzten Jahren fortschreitende Professionalisierung, nicht zuletzt, um dadurch dem zunehmenden Legitimationsdruck von Seiten der Öffentlichkeit zu begegnen. Dies zeigt sich u. a. an den Bemühungen um Standards der Qualitätsentwicklung und Zertifizierung.[15]

Bedeutende Marksteine auf diesem Weg sind weiterhin die Etablierung des Bundesverbands Individual- und Erlebnispädagogik e.V., die Entwicklung eines spezifischen Berufsbilds oder die Erstellung verbindlicher Standards für eine qualifizierte Ausbildung.[16]

Wesentlich erweitert und differenziert haben sich inzwischen auch die Angebote für die Aus-, Fort- und Weiterbildung, sei es bei verschiedenen Verbänden, Institutionen oder im akademischen Raum.[17] Wer sich heute für Erlebnispädagogik interessiert, dem steht darüber hinaus ein beachtliches Spektrum spezieller Fachliteratur zur Verfügung: Einführungen, Übersichten, Dokumentationen, Fachzeitschriften, Handbücher.

Und doch ist es nach wie vor schwierig, eine allgemein gültige Definition des Begriffs Erlebnispädagogik zu finden.[18] So haben B. Heckmair und W. Michl ihre ursprüngliche Definition inzwischen auch mehrfach überarbeitet: Insbesondere die Charakterisierung der Erlebnispädagogik als eine handlungsorientierte Methode sowie die Begrenzung der Zielgruppe auf junge Menschen als spezielle Zielgruppe wurde revidiert und erweitert.[19]

Einigkeit herrscht inzwischen darüber, dass die Erlebnispädagogik mehr ist als nur ein methodisches (Hilfs)Mittel für die Jugendarbeit. Sie stellt als theoretisches Konzept und pädagogische Praxis einen eigenen Erziehungs- und Bildungsansatz dar. Herausfordernde, nicht alltägliche, erlebnisintensive Aktivitäten (vornehmlich im Naturraum) dienen als Medium zur Förderung ganzheitlicher Lern und Entwicklungsprozesse von Personen und Gruppen mit dem Ziel, diese zur verantwortlichen Gestaltung ihrer eigenen Lebenswelt wie auch zur aktiven Mitwirkung in der Gesellschaft zu ermutigen und zu befähigen.[20]

Was an methodisch-didaktischer und was an pragmatischer Umsetzung aber verbirgt sich nun hinter solchen Definitionsversuchen? Wo liegt die Faszination des erlebnisorientierten Lernens für Lehrende und Lernende jenseits der spektakulären Aktion, von der es sich nur allzu gut erzählen lässt?

Allein schon die Zielsetzungen der Erlebnispädagogik sind attraktiv und zukunftsweisend, für Profis in der Jugendarbeit wie auch für Lernexperten in der Erwachsenbildung gleichermaßen:

- Persönlichkeitsentwicklung durch Unterstützung der Selbstwahrnehmung und Reflexionsfähigkeit, Klärung von Zielen und Bedürfnissen, Entwicklung von Eigeninitiative, Spontaneität, Kreativität und nicht zuletzt Selbstvertrauen, Selbstbewusstsein und Selbstwertgefühl etc.
- Soziale Kompetenz durch Unterstützung der Kooperations-, Kommunikations- und Konfliktfähigkeit etc.
- Förderung eines systemischen, ökologischen Bewusstseins, das u. a. einen proaktiven Einsatz für die Bewahrung von Naturräumen und -schönheiten verstärken kann.

Im Sinne des systemtheoretischen Denkansatzes, der das Individuum als autopoietisches System versteht, das lediglich perturbiert und somit zum Lernen aus sich selbst angeregt werden kann, kommen diese Versprechungen jedoch nur zum Tragen, wenn das teilnehmende Individuum diese Ziele auch selber verfolgen will. Deswegen geht es auf der methodischen Ebene der Erlebnispädagogik darum, für Lernende und Lehrende Gelegenheiten zu schaffen, in denen die eigenen Werte erfahrbar und überprüfbar werden.

Um diese »Gelegenheiten«, sprich Lernräume, optimal methodisch anzureichern, berufen sich die Experten der Erlebnispädagogik auf verschiedene grundlegende Prinzipien:[21]

- Im Vordergrund steht das ganzheitliche Erleben, d. h. die kognitiven, emotionalen und vor allem aktionalen Lernebenen werden angesprochen.
- Mithilfe der Medien werden komplexe Problemstellungen evoziert, die ein hohes Maß an Strategie, Flexibilität, Entscheidungskompetenz und Konfliktfähigkeit fordern. Neben der Zielerreichung steht vielmehr der Prozess der Problemlösung im Mittelpunkt des Interesses.[22]

- Die Aufgaben und Situationen werden passend zur Zielsetzung ausgewählt und in ihrer Struktur und ihrem Anforderungsprofil möglichst ähnlich zur Alltagsrealität konstruiert und präsentiert, sodass der Teilnehmer einen nutzbringenden Vergleich zwischen seinem Verhalten im Seminar und im Alltag ziehen kann. Dafür notwendig ist, dass in der Aktivität ein neues Verhalten überhaupt möglich ist, und dass dieses neue Verhaltensmuster auch einen anderen, sozialverträglichen, individuell positiv erlebbaren Ausgang zur Folge hat als das frühere.[23]
- Die gewählten Situationen müssen der Vielfalt und Heterogenität der Gruppe gerecht werden. Wenn möglich sollten im Rahmen einer Aufgabenstellung alternative Handlungsmöglichkeiten zur Zielerreichung bestehen.
- Die gewählten Elemente sollen einerseits einen hohen Aufforderungscharakter besitzen, der neugierig macht und zur Auseinandersetzung bzw. zum Handeln anregt; andererseits einen Ernstcharakter aufweisen, d. h. überprüfbare Konsequenzen nach sich ziehen.
- Die Situation wird so präsentiert, dass das subjektive Risiko als hoch bzw. die Lösbarkeit der Aufgabe als äußerst anspruchsvoll erlebt wird, jedoch nicht als unüberwindlich bzw. unlösbar wahrgenommen wird.
- Die Teilnehmer eines erlebnispädagogischen Seminars werden explizit aufgefordert, sich eigene (Lern-) Ziele zu stecken. Diese Ziele sind die Grundlage für ein selbstverantwortetes Lernen.
- Nach der Präsentation der Aufgabenstellung (inklusive der Sicherheitsregeln) wird der Gruppensteuerung und Selbstverantwortung der Gruppe soweit wie möglich freier Lauf gelassen. Der Verantwortungsspielraum der Gruppe bezieht sich auf Entscheidungen, wie beispielsweise das Ausmaß der persönlichen Beteiligung, auf die Planungs- und Entscheidungsprozesse während der Aufgaben etc. Potenzielle psychische und physische Gefährdungen der Teilnehmer begrenzen dieses Prinzip.
- Reflexionen nach Aktionsphasen haben in der modernen Erlebnispädagogik einen festen Platz und hohen Stellenwert.[24] Aus dem Erlebten wird Erfahrung und Wissen, indem die Teilnehmer mit Unterstützung des Leiters die in der Aktion gemachten Beobachtungen sammeln, Hypothesen bezüglich der Ursachen und Zusammenhänge formulieren, die gewonnenen Ergebnisse bewerten und die daraus gewonnenen Erkenntnisse auf ihre Alltagstauglichkeit hin überprüfen. Zum einen dient die Reflexion der Rückschau auf die gemachte Erfahrung, zum anderen stellt sie eine Vorausschau im Sinne einer Integration und Nutzbarmachung der Erfahrung für zukünftige Situationen dar. Damit ein Erlebnis optimal verarbeitet werden kann, sollte die Reflexion sowohl inhaltlich als auch zeitlich möglichst dicht am Moment des Erlebens stattfinden.

Erlebnispädagogische Seminare sind also, verkürzt gesagt, dadurch gekennzeichnet, dass der Einzelne mit sich und/oder in der Gruppe intensive Erlebnisse erfährt, die den Kern seiner Persönlichkeit treffen und mit denen er sich zuerst handelnd und dann reflexiv auseinandersetzt.

## 1.3 Aktualität der Erlebnispädagogik

Betrachtet man die rasante Entwicklung der modernen Erlebnispädagogik, so stellt sich die Frage, warum sie in den letzten Jahren einen solchen Zuspruch erfahren hat. Dazu gibt es eine Reihe interessanter und aufschlussreicher Begründungen.

Aus sozialpsychologischer Sicht weist Fridolin Kreckl auf zwei Erscheinungsformen der industriellen Gesellschaft hin, die in der heutigen Zeit das Sozialverhalten bestimmen: Zum einen beschreibt er den »immer noch zunehmenden Verfall gewachsener Systeme, wie lebenslange Nachbarschaften ...«, den er auf die soziale Mobilität zurückführt, zum anderen bezieht er sich auf »das zunehmende Bedürfnis nach Individualität, Selbstsein, Verwirklichung der eigenen Lebensziele«, während sich im selben Maße die Fähigkeit zu Bindung und Solidarität abschwächt. Aus diesen Gründen stuft Kreckl sowohl Angebote von Erlebnissen und daraus entstehende Freundschaften gerade für junge Menschen als notwendig ein, als auch den Aufbau einer, die gewachsenen sozialen Systeme und Rassenschranken überschreitenden, Solidarität auf humaner und freiheitlicher Basis.[25]

Auch Matthias Weinholz bezieht sich in seinem Buch »Freiluftleben« auf die Lebenssituation von Jugendlichen:

- Bei der Betrachtung der Wohnsituation fällt eine »Separation im Großformat« auf. So gibt es immer mehr »Gegenden, die zu siebzig Prozent von Pensionären bewohnt sind, Neubauviertel, bei denen fast kein Einwohner älter als fünfundvierzig Jahre ist oder Wohnviertel, deren Einwohner zehn verschiedene Sprachen sprechen«. Daher können auch die Kontakte nicht mehr wie früher funktionieren, als Kinder mit vielen Beziehungen und Bezugspersonen aufwuchsen und sich als Teil einer überschaubaren Gesellschaft fühlten.
- Da die Arbeitsplätze der Eltern von deren Wohnort oft weit entfernt liegen und die Anfahrtszeit zusätzlich zur Arbeitszeit einen hohen Zeitaufwand darstellt, können die Eltern kaum Zeit mit ihren Kindern verbringen. Im Fall der Arbeitslosigkeit der Eltern ist die Familiensituation meist so gespannt, dass die Kinder nicht gerne mit ihren Eltern zu Hause bleiben. So ist der einzige Erwachsenenkontakt, den die Kinder haben, der mit Lehrern oder Mitarbeitern von Jugendeinrichtungen. Die Jugendlichen durchlaufen daher nur wenige Berührungspunkte mit dem Erwachsensein, mit deren Hilfe sie die Verhaltensweisen eines »Großen« und die Bedeutung, was Erwachsensein eigentlich ist, erlernen können.

- Da viele Kinder und Jugendliche mit ihren Eltern heutzutage in Ballungsgebieten wohnen, die hauptsächlich aus Hochhäusern bestehen, fehlt ihnen die Möglichkeit, ihr räumliches Vorstellungsvermögen und das für den Menschen so wichtige Fantasie- und Lernvermögen zu entwickeln. Die Möglichkeit, im Wald zu spielen, Bäche mit kleinen Stauwerken zu versehen, Beeren zu pflücken oder Baumhäuser zu bauen, sind selten geworden. »Der starke kindliche Drang zum Entdecken, Experimentieren und zu Abenteuern kompensiert sich dann nicht selten in Aktionen, die jenseits der Legalität liegen.«[26]

Oft wird dieses »nicht-mehr-erleben-können« durch eine Reizüberflutung der allgegenwärtigen Medien kompensiert. Erlebt wird nicht hautnah, sondern über Personen, die stellvertretend Abenteuer durchleben. Dieses »nur mitleben« und nicht »selber erleben« ermöglicht aber, wenn sie einem nicht zusagen, die Möglichkeit der Distanzierung. Selbst gemachte, unmittelbare Erfahrungen dagegen machen betroffen, vor allem dann, wenn sie einen gewissen Grad von Ernstcharakter aufweisen können. Ernstcharakter so verstanden, dass die Anforderungen in erlebnispädagogischen Maßnahmen real sind, aufgrund der Situation Entscheidungshandeln verlangen und wenig Möglichkeit zur Distanzierung zulassen – hier ist eben kein Reset-Knopf als Ausweg vorhanden.[27]

In der Freizeit von Jugendlichen spielen Rücksichtnahme, Hilfsbereitschaft und soziales Engagement eine untergeordnete Rolle. Nach Auffassung von Uta Petring spiegelt sich darin auch die Einstellung unserer Gesellschaft wider, die Leistung und Wachstum als oberstes Ziel hat. Sie ist der Ansicht, dass erlebnispädagogische Maßnahmen dieser Grundhaltung entgegensteuern, da hier zwischenmenschliche Werte wie Vertrautheit, intensive, gefühlsgebundene Zusammenarbeit und Kreativität unmittelbar erlebt werden.[28]

Eine weitere Entwicklung, die den erlebnispädagogischen Ansatz interessant erscheinen lässt, ist die zunehmende Umweltzerstörung. Durch das Erleben aus nächster Nähe kann bei den Teilnehmern das in der heutigen Zeit so unentbehrliche Bewusstsein geweckt werden, dass die so einmalige und doch sehr sensible Natur schützenswert ist; schützenswert nicht nur wegen ihrer Schönheit, sondern auch aufgrund der Abhängigkeit des Menschen von ihr. Diese Abhängigkeit wird von den Teilnehmern direkt erlebt, da sich die erlebnispädagogischen Maßnahmen hauptsächlich der Natur als Lernfeld bedienen. Hier wird der Unterschied deutlich zwischen einer nur medial vermittelten sekundären Welt, der bloßen Zur-Kenntnisnahme von Meldungen zur Umweltverschmutzung sowie der Betroffenheit am eigenen Leib. Da eine Distanzierung beim hautnahen Erleben wesentlich schwieriger ist, kann die persönliche Betroffenheit und somit auch der Anstoß, etwas dagegen zu tun, als erheblich größer eingeschätzt werden. So leistet die Erlebnispädagogik einen entscheidenden Beitrag in der Umwelterziehung, den man vielleicht als Dienst an der Natur im Sinne des Hahn'schen Elements »Dienst am Nächsten« werten könnte.

Die angesprochenen Hinweise verdeutlichen, welches Potenzial die Erlebnispädagogik für die Persönlichkeitsbildung des Einzelnen, die sozialen Beziehungen wie auch für die Gestaltung der gesellschaftlichen Lebenswelt in sich birgt.

In der Jugendbildung und Jugendarbeit ist die Erlebnispädagogik zu einem unverzichtbaren Bestandteil geworden, weltweit. Die von Kurt Hahn ins Leben gerufenen Outward-Bound-Schulen gibt es mittlerweile in über 30 Ländern der Welt. Auch zahlreiche andere Bewegungen und Projekte sind vom Konzept der Erlebnispädagogik inspiriert, stehen in engem Bezug zu ihr oder lehnen sich im weitesten Sinne an diese an, so zum Beispiel das »Freiluftleben«[29], die Abenteuerspielplatzbewegung[30], das Project-Adventure-Konzept in den Schulen[31] und Einrichtungen bzw. Projekte wie das Segelschiff »Thor Heyerdahl«[32] oder Verhaltensstudien wie die »Arche Acali«[33].

Auch in den Bereich der Schule findet die Erlebnispädagogik wieder Eingang und kehrt damit zurück zu dem Ort, von dem sie einst in der Reformpädagogik um 1900 ihren Ausgang nahm. Mit ihr verband sich die Hoffnung, die alte Buch-, Lern-, Lehrer- und Drillschule durch Erlebnisunterricht in eine Erlebnisschule zu verwandeln. Ein programmatischer Entwurf mit einer wechselvollen Geschichte…

Heute haben erlebnispädagogische Klassen- und Schulfahrten sowie Schullandheimaufenthalte wieder Konjunktur. Dabei werden sie von externen fachlich qualifizierten Anbietern unterstützt. So betreuen die »erlebnistage« jährlich rund 30.000 Schüler mit ihren Lehrern.[34] Aber auch im Bereich der Schule selbst gibt es Bestrebungen, die Erlebnispädagogik zu verankern und eine speziell auf die besondere Situation des Unterrichts abgestimmte »Schulerlebnispädagogik« (SEP) zu begründen. Seit dem Klassiker »Abenteuer Schule« von R. Gilsdorf und K. Volkert (1999) sind gerade in den letzten Jahren mehrere Veröffentlichungen erschienen, die sich auf die unterschiedlichen Schularten von der Grundschule bis zur Berufsschule oder der Ganztagsschule beziehen.[35] Trotz allem ist der erlebnispädagogische Ansatz hier noch weniger etabliert und anerkannt, als die Verfechter sich das wünschen.

Während diese erlebnispädagogischen Maßnahmen dem »Normaljugendlichen« angeboten werden, also den präventiven Ansatz der Erlebnispädagogik verwirklichen, gibt es inzwischen auch spezielle Kurse, die therapeutischen Charakter haben und Menschen mit Behinderungen bzw. abweichendem Sozialverhalten einschließen. So initiierte z. B. Outward Bund Kurse für geistig Behinderte[36] sowie für »arbeitslose Jugendliche und solche aus sozial schwierigen Verhältnissen«[37]. Das Jugendschiff »Outlaw« geht mit dissozialen Jugendlichen auf Tour[38], Drogenabhängige/Süchtige durchqueren die Sahara, Jugendliche aus dem Strafvollzug werden bei der Rettungswacht eingesetzt, mit Heimkindern werden Höhlen erforscht, usw.[39]

Charakteristisch für die (Fort-)Entwicklung der modernen Erlebnispädagogik ist ebenfalls ihr Zugang zum weiten Feld der Erwachsenenbildung wie auch speziell zur betrieblichen Aus- und Weiterbildung, der Personal- und Teamentwicklung. Während noch in den 90er Jahren Outdoor-Trainings als »reichlich verschrobene Abenteuertouren mit wenig Bezug zum Berufsleben«[40] galten, wächst die Zahl der Seminarveranstalter, die handlungs- und erlebnisorientierte Seminare zur effektiven Team- und Führungskräfteentwicklung vorschlagen. Ihre Argumente beziehen sich darauf, dass in einer Wissens- und Dienstleistungsgesellschaft immer häufiger zwischenmenschliche Beziehungen über den Erfolg des Unternehmens und des Arbeitsteams entscheiden und diese so genannten »Soft Skills« nicht in Seminarräumen mithilfe von Büchern vermittelt bzw. angeeignet werden können.

Hierfür eignen sich u. a. aktivierende Kooperationsübungen und animierende Problemlöseaufgaben wie etwa der Bau einer Brücke, eines Turmes oder einer Pipeline mit einfachen Mitteln (Stäbe, Papier, Rohre). Sie dienen als konstruktive, verdichtete Mikrowelten, die räumliche und zeitliche Abläufe verkürzen, verdeckte Strukturen oder eingeschliffene Verhaltensweisen offen legen.[41] Insbesondere Projekte oder Expeditionen, wie das Segeln eines Kutters oder das Bauen eines Hochstandes oder die Renovierung eines Abenteuerspielplatzes in sozialen Brennpunkten sind so angelegt, dass sie die ganze Gruppe fordern, da man sie nicht alleine oder nur unter großem Sicherheitsrisiko und erheblichen Organisationsproblemen alleine bewältigen kann. Ihre erfolgreiche Durchführung verlangt die Zusammenarbeit der Gruppe wie auch die Berücksichtigung bzw. das sinnvolle Einsetzen der verschiedenartigen Kompetenzen und Begabungen genauso wie im Berufsleben.

Maßgeblich mitentscheidend für die Qualität aller erlebnispädagogischer Lernformen, gleichgültig für welche Zielgruppen und Handlungsfelder von der frühkindlichen Bildung über die Schule und Sozialarbeit bis hin zur beruflichen Weiterbildung oder die Arbeit mit Senioren, sind jedoch das individuell auf die Teilnehmer zugeschnittene Konzept und gleichzeitig die professionelle Betreuung vor Ort.

## 1.4 Die Frage nach dem Transfer

Erfolgskontrollen pädagogischen Handelns sind ein Problem für sich, weil die Überprüfbarkeit und Nachweisbarkeit des »Erfolges« bzw. der Wirkungen nur selten linear und kausal auf das pädagogische Handeln allein zurückzuführen sind. Als Transfer wird hier ganz allgemein das Fortschreiten des Lernenden vom Konkreten zum Abstrakten verstanden, indem er neue Verhaltensweisen in der konkreten (Kurs-)Situation entdeckt, diese Lernerfahrungen generalisiert und auf andere (Alltags-)Situationen überträgt.

Nicht nur die Erlebnispädagogik, aber insbesondere sie, wird trotz ihrer vielfachen Anwendung in der Personalentwicklung und Jugendarbeit nach wie vor ausnehmend skeptisch in Bezug auf ihre Wirksamkeit beurteilt. Der Hauptstreitpunkt liegt in der Frage: Wie können die Teilnehmer die Erfahrungen, die in einem vom Alltagsleben deutlich abgehobenen Umfeld (in den Bergen, auf Flüssen und dem Meer) gemacht werden, in ihr »normales« Leben transferieren?[42]

Mittlerweile gibt es vor allem in den angelsächsischen Ländern (USA, England, Neuseeland u. a.), aber auch im deutschsprachigen Raum seit der frühen Pilotstudie von M. Jagenlauf / H.Breß (1990ff) zu Outward Bound-Kursen eine Reihe empirischer Untersuchungen, die sich mit der Wirksamkeit erlebnispädagogischer Seminare beschäftigen.

Die erhobenen Daten belegen die Wirksamkeit einzelner Maßnahmen und Aktivitäten mit verschiedenen Zielgruppen in ganz unterschiedlichen Handlungsfeldern, vor allem in Bezug auf die Förderung der sozialen Kompetenz und der Selbstkompetenz.[43] A. Muff / H. Wünsch untersuchten, ob und inwieweit erlebnis- und handlungsorientierte Trainings sich als präventive Bausteine in der Aus- und Weiterbildung insbesondere für solche Berufsgruppen eignen, die hohen Stresssituationen ausgesetzt sind (z. B. Polizei).[44] Positive Wirkungsimpulse einer psychophysischen Exposition im Hochseilgarten wiesen K. Mehl / M. Wolf in einer Studie mit Patienten aus dem medizinisch-therapeutischen Bereich nach.[45] Wirkungsimpulsen von ‚project adventure' Programmen im Bereich der Schule zeigte A. Boeger auf.[46] Prozesse der Veränderung von Selbstkonzepten, des Selbstbilds und Selbstwertgefühls stehen im Blickpunkt der Forschungen von J. Fengler, Th. Eberle / St. Markus u. a.[47]

Martin Schwiersch kommt zu dem Schluss, dass eine Umsetzung der in der Maßnahme gelernten Fähigkeiten und konstruktiven Verhaltensweisen nur angenommen werden kann, wenn erlebnispädagogische Aktionen nicht allein aus Risikosituationen bestehen, sondern ihre Akzente auch in die Verantwortlichkeit in der Gruppe, Naturerfahrung, etc. setzen.[48]

Entsprechend der bereits angesprochenen methodischen Prinzipien moderner Erlebnispädagogik (vgl. Kapitel 1.2) ist Karl Schwarz der Meinung, dass eine schon in der Maßnahme stattfindende Reflexion ausschlaggebend für einen Transfer ist, selbst wenn bestimmte Alltagssituationen nur geringe Berührungspunkte zu den in der erlebnispädagogischen Maßnahme gemachten Erfahrungen aufweisen. Seiner Ansicht nach kann eine reflexive Vertiefung die in der jeweiligen Aktion erfahrenen Eindrücke in das Bewusstsein heben und somit für den Teilnehmer eine in den Alltag übertragungsfähige Lernsituation entstehen lassen. Er führt dabei das Beispiel eines amerikanischen Jungen an, der nach Erkletterung einer Felswand meint: Wenn ich in meinem Leben jemals vor einem großen Problem stehen werde, werde ich mich an die Felswand zurückerinnern (»If there is ever a great obstacle in my life, I will remember the cliff«[49]). Im Sinne dieses Wirkungsmodells ist der Transfer der gemachten Erfahrungen in den Alltag eine Sache der kognitiven Verarbeitung der Erlebnisse, vor allem nach der Aktivität.

Eine Erweiterung dieses Modells stellt das metaphorische Modell von Stephen Bacon[50] dar. Nach Bacon ist für einen erfolgreichen Transfer eine möglichst große Isomorphie (= Strukturähnlichkeit) zwischen dem Alltag und der Seminaraktivität nötig, sodass die Teilnehmer an Bekanntes anknüpfen und unbewusst einen Vergleich zwischen Verhalten im Alltag und im Kurs gelernten Verhaltensweisen ziehen. Um diese »Isomorphie« herzustellen, benennt Bacon die verschiedensten Methoden und Techniken, wobei die professionelle Bildung von Metaphern und die Archetypen nach Carl Gustav Jung eine entscheidende Rolle spielen.

Simon Priest subsumiert und systematisiert diese Modelle unter dem Stichwort »unterstützende Prozessbegleitung«, die seiner Meinung nach Grundvoraussetzung für einen gelungenen Transfer ist. Priest meint mit unterstützender Begleitung all das, was der Leiter vor, während oder nach der Aktivität tut, um direkt oder indirekt zu Handlung, Reflexion und Unterstützung beizutragen.[51] Er hat sechs Generationen der unterstützenden Prozessbegleitung in der erfahrungsorientierten Pädagogik ausgemacht, die jeweils aufeinander aufbauen:

1. Generation 1940–1950: Lernen und Handeln
   Die Erfahrung für sich sprechen lassen – Hier wurde im Anschluss an die Aktionen nicht über mögliche Lernerfahrungen reflektiert. Stattdessen wurde daraufhin spekuliert, dass die Erfahrung in jedem in der ihr eigenen Weise wirken würde.

2. Generation 1950–1960: Lernen, indem man etwas erklärt bekommt
   Für die Erfahrung sprechen – Der Leiter deutet die Erfahrung für die Gruppe bzw. den Einzelnen, indem er ihm/ihr eine Rückmeldung über das beobachtete Verhalten inklusive Verbesserungsvorschläge gibt.

3. Generation 1960–1970: Lernen durch Reflexion (entspricht der Meinung von Schwarz, s. o.)
   Nachbesprechung der Erfahrung – Bei der nachträglichen Reflexion stellt der Leiter der Gruppen Fragen, wie z. B.: Was ist passiert? Welche Wirkung hatte das? Welche Schlüsse zieht Ihr daraus? Welche Aspekte der Aktion haben einen Bezug zu deinem Alltagsleben? Was willst du in Zukunft anders machen?

4. Generation 1970–1980: Lenken durch Reflexion
   Direktes vorwegnehmendes Deuten der Erfahrung – Hier nimmt der Leiter durch Fragen mögliche Erfahrungsmöglichkeiten und Lernprozesse vorweg, indem er fragt: Was könnt Ihr bei dieser Aktivität lernen? Könnt Ihr Euch von früheren Aktivitäten her daran erinnern, auf was jeder Einzelne in einer solchen Situation achten wollte?

5. Generation 1980–1990: Verstärkung in der Reflexion (entspricht dem Modell nach Bacon, s. o.)
   Einrahmung der Erfahrung durch Methoden, die die Strukturähnlichkeit zwischen Seminar und Alltag betonen – Der Leiter rahmt die Aufgabe mit Begriffen ein, die der Struktur der Alltagswirklichkeit der Teilnehmer entsprechen. So wird zum Beispiel eine Bergtour eine Metapher zum bevorstehenden Börsengang und eine Expedition mit Segelschiffen für eine ressourcennützende aufeinander eingespielte Mannschaft in unbekannten Gewässern bzw. neuen Geschäftsfeldern.

6. Generation 1990–jetzt: Rückwendung vor der Reflexion
   Indirekte vorwegnehmende Deutung der Erfahrung – Diese Methode, eine Aktivität metaphorisch anzureichern, setzt ein Gruppenleiter dann ein, wenn Teilnehmer sich immer wieder in denselben Mustern verstricken, wie zum Beispiel wenn (1) je mehr sich der Teilnehmer darum bemüht, ein problematisches Verhalten zu verhindern, es umso häufiger auftritt oder (2) je mehr sich ein Teilnehmer darum bemüht, ein bestimmtes Ergebnis zu erreichen, desto unwahrscheinlicher es wird. Die verschiedenen Möglichkeiten sind u. a. das Einsetzen von Double Binds, Symptomverschreibungen/paradoxe Intervention und Reframing aus dem NLP (Umdeutungen). Diese Form der unterstützenden Prozessbegleitung findet dann statt, wenn ein Leiter vor Beginn einer Aktion die Instruktion folgendermaßen anreichert: »Normalerweise laufen Bergtouren mit heterogenen Gruppen immer gleich ab: Erst wird ein wenig herumdiskutiert, wer welche Aufgaben übernimmt, wobei hauptsächlich die Männer die Wortführer sind. So bekommen dann auch meistens die Frauen Jobs, wie z. B. Kochen, Einkaufen und Abwasch übertragen, die Männer hingegen übernehmen die Navigation, das schwere Gepäck und kümmern sich darum, dass es den Frauen (v. a. körperlich) einigermaßen gut geht, indem sie ihr Tempo gütigerweise der langsamsten Frau anpassen. Hinterher kommt bei der Nachbesprechung dann raus, das das gezeigte Verhalten irgendwie sexistisch war und dass es darauf unterschiedliche Emotionen gab. Man kann eine Bergtour aber auch ganz anders angehen…«

Das Modell der unterstützenden Prozessbegleitung, insbesondere die fünfte Generation nach Priest, hat der Amerikaner Michael Gass in seinem Buch »The Book of Metaphors, Volume II« aufgegriffen und angereichert.[52] Darin stellt er ein Modell mit sieben Schritten vor, das Seminarleiter die Konstruktion von geeigneten Metaphern erleichtern soll. Grundsätzlich wohnt den metaphorischen Konzepten die Überzeugung inne, dass ein Transfer wahrscheinlicher wird, wenn der Erkenntnisgewinn bereits während des Handelns, also während der Expedition oder der Ausführung des Projektes, einsetzt und in der Reflexionsphase lediglich spezifiziert bzw. verbalisiert wird. Die Chance für diesen Prozess erhöht sich umso mehr, je mehr strukturähnliche Beziehungen vom Leiter bewusst konstruiert werden (und auch von den Teilnehmern natürlich so gedeutet werden), da der Abstand zwischen Kursrealität und Alltagswirklichkeit proportional schrumpft.

Andere Erlebnispädagogen hingegen verwehren sich der Vorstellung, dass Erlebnisse pädagogisch, also »zielgerichtet« evoziert bzw. eingesetzt werden können, da die Bewertung des Individuums und nicht die Intention des Seminarleiters über die subjektiv wahrgenommene Intensität der Situation als Erlebnis für den Teilnehmer entscheidend ist.[53] Außerdem empfinden sie es zumindest irreführend, wenn man die Ergebnisse eines Lernprozesses auflisten kann, bevor dieser stattgefunden hat, also unabhängig von der Erfahrung des Lernenden. Wenn dann ein solcher Lernprozess noch als erfahrungsorientiert bezeichnet wird, so dürfte das ihrer Meinung nach u. a. mit der Aussicht auf bessere Vermarktungschancen zusammenhängen.[54] Nichtsdestotrotz setzen auch diese Vertreter auf die Übertragbarkeit der Lernerfahrungen erlebnispädagogischer Kursangebote auf den Alltag, jedoch mit dem verstärkten Augenmerk auf den Prozess der Erfahrung und weniger auf das intendierte »Lernergebnis«.

Neben der Frage »Wie kann ein Leiter den Teilnehmer während des Seminars darin unterstützen, dass dieser das neue Wissen in seinen Erfahrungshintergrund integriert?«, ist die Frage, inwieweit das Umfeld des Teilnehmers einen fruchtbaren Boden für den Transfer bietet, ebenfalls von grundlegender Bedeutung. Abgesehen davon, dass diese Frage in Grundzügen schon vor Beginn des Seminars bzw. Kurses geklärt sein sollte, ist es für einen erfolgreichen Transfer ins Alltagsleben sinnvoll, dass so genannte Follow-up-Termine nach dem Seminar stattfinden. Bei diesen Treffen kann in der ersten Phase mithilfe einer Fantasiereise, Originalflipcharts oder Seminarergebnissen für die Gruppe der sachliche und gefühlsmäßige Bezug zum abgelaufenen Training wiederhergestellt werden. In einer zweiten Phase lassen sich die Vorhaben unter diesen Fragestellungen diskutieren: »Was konnte mit welchem Erfolg umgesetzt werden? Welche Schwierigkeiten, Einwände gab es? Wie hat sich die Projektumsetzung auf Freunde, Kollegen, Arbeitsumfeld ausgewirkt?« In einem dritten Schritt könnte dann die konkrete Begleitung am Arbeitsplatz, in der Familie, in der Schule stattfinden. Alternativen zu Follow-up-Treffen können ein »Transfernetzwerk« oder eine kostenpflichtige »Transfer-Hotline«[55] sein.

## 1.5 Zusammenfassung der wichtigsten Thesen des ersten Kapitels

***Das Hahn'sche Konzept***

- Hahn entwickelte ein erlebnispädagogisches Gesamtkonzept, dessen vier Elemente den wesentlichen Zivilisationskrankheiten entgegenwirken und damit den jungen Menschen zum mündigen Staatsbürger erziehen sollen:
  1. Körperliches Training gegen den Verfall der körperlichen Tauglichkeit
  2. Expeditionen gegen schwindende Eigeninitiative und Überwindungskraft
  3. Projekte gegen den Verfall von Geschicklichkeit und Sorgfalt
  4. Rettungsdienst gegen den Verfall des Mitgefühls

***»Moderne« Erlebnispädagogik***

- Ziele moderner Erlebnispädagogik sind die Entwicklung der Persönlichkeit, der sozialen Kompetenz und eines systemischen, ökologischen Bewusstseins.
- Moderne Erlebnispädagogik schafft methodisch angereicherte Lernräume, in denen eigene Werte und Verhaltensweisen erfahrbar und auf ihre Effizienz hin in Kombination mit ihrer Sozialverträglichkeit überprüfbar werden.

***Aktualität der Erlebnispädagogik***

- Die heutigen gesellschaftlichen Entwicklungen belegen, wie zeitgemäß der erlebnispädagogische Ansatz immer noch ist:
  - Die privat-sozialen Systeme lösen sich auf.
  - Das Bedürfnis nach Individualität steigt, Abnahme der Solidarität.
  - Bestimmte Wohnsituationen nehmen Kindern Beziehungen und Bezugspersonen.
  - Die Welt der Erwachsenen hat mit der der Kinder nur noch wenige Berührungspunkte.
  - Der kindliche Drang nach Abenteuern, Selbsterfahrung und Entdecken wird durch »zweckmäßige« Architektur (Hochhäuser) gebremst und unterdrückt.
  - Die Reizüberflutung durch neue Medien lässt die Menschen mehr und mehr in die Zuschauermentalität verfallen.
  - Rücksichtnahme und Hilfsbereitschaft nehmen ab.
  - Die Umweltverschmutzung nimmt zu.
- Erlebnispädagogische Maßnahmen können präventiven oder therapeutischen Charakter haben.
- Auch in der Industrie und Wirtschaft besitzt der erlebnispädagogische Ansatz vor allem in Bezug auf die Soft Skills eine hohe Relevanz.

***Die Frage nach dem Transfer***

- Ein besonderes Augenmerk sollten Durchführende von erlebnispädagogischen Maßnahmen auf den Transfer legen.
- Die Möglichkeit eines gelungenen Transfers erhöht sich, wenn
  - die Erfahrung im Gruppenverband der Erfahrung der Risikosituation zumindest gleichgestellt ist,
  - sich die Gruppe auch nach der Aktivität trifft und sich über die in ihrem Alltag gemachten Erfahrungen austauschen kann,
  - eine reflexive Vertiefung der Erfahrungen stattfindet,
  - die Kursaktivität eine hohe Strukturähnlichkeit zur Alltags-/Berufssituation aufweist, sodass ein unbewusster Transfer bereits in der Aktion erfolgt.

# 2. Was sind Interaktionsspiele?

## 2.1 Ein Schritt seitwärts: die Interaktionspädagogik

> *»Der Mensch wird nicht als Mensch geboren. Nur langsam und mühevoll, in fruchtbarem Kontakt, in Kooperation und Konflikten mit seinen Mitmenschen erwirbt er die kennzeichnenden Eigenschaften.«*[56]

Da der Mensch ein dialogisches Wesen ist, kann er folglich nur im Zusammenhang mit seiner sozialen Umwelt zutreffend erkannt und bestimmt werden. Er ist somit nicht nur abhängig von seiner sozialen Umwelt, sondern er »ist« sie in einem hohen Maße. Er reproduziert und stellt Bewusstheiten, Einstellungen und Verhaltensweisen seiner Umwelt dar. In der Wissenschaft wird daher der Mensch weder als Individuum allein noch als Kollektiv betrachtet, sondern der Mensch mit dem Menschen, welches eine dynamische Zweiheit und dialogische Existenz darstellt.[57] Der Begriff »Interaktion« bezeichnet dieses wechselseitige, aufeinander bezogene Handeln von Individuen in Gruppen, welches Jürgen Habermas als kommunikatives Handeln (symbolisch vermittelte Interaktion und sprachlicher Austausch zwischen Menschen) in Abgrenzung zum instrumentalen (zweckrationalem Handeln) und reflexiven Handeln (kritische Prüfung des Sinns von Arbeit und Interaktion) beschreibt.[58] Jedoch kann dieses interpersonelle Kontaktgeschehen nie isoliert betrachtet werden; es verweist immer sowohl auf die Persönlichkeit des Individuums (intrapersonelle Ebene) als auch auf die Gesellschaft (institutionelle Ebene). Der Mensch wird nämlich in der Entwicklung seiner ihn kennzeichnenden Eigenschaften von der Gesellschaft beeinflusst, andererseits kann er auch auf sie Einfluss nehmen, da er ja ein Teil von ihr ist.

Eine andere Einflussgröße, die bisher kaum Berücksichtigung gefunden hat, ist die ökologische Ebene, die durch politische Entscheidungen beeinflusst wird, aber auch selbst diese beeinflussen kann. Ebenso nimmt sie auf den Menschen und seine Möglichkeiten Einfluss, wie auch der Mensch ihre »Entwicklung« beeinflussen kann.

In der Interaktionspädagogik liegt der Schwerpunkt der Betrachtung auf der interpersonellen Ebene: im sozialen Verhalten des Lernenden.[59] Ziel der Interaktionspädagogik ist es, zwischenmenschliches Verhalten zu ändern und zu verbessern. Sie gründet sich auf der Annahme, dass soziale Erfahrungen aus früheren Interaktionssituationen als Handlungsorientierungen für zukünftiges Handeln dienen.[60] Sie ist somit eine Erziehung zur interaktiven Kompetenz der werdenden Persönlichkeit, die sich des Mediums mittels »Interaktion« bedient. Dieses Ziel der Interaktionserziehung ist nach Hubert Gudjons »...auf die Förderung der allgemeinen ›sozialen Kompetenz‹ (Michael Argyle), auf Reifung durch Auseinandersetzung mit dem eigenen Erleben und in der offenen Begegnung mit anderen, auf Schulung der Selbst- und Fremdwahrnehmung und die Erweiterung des sozialen Verhaltensrepertoires sowie auf Selbstverantwortung und Ich-Stärke...«[61] gerichtet.

Da in ihrem Mittelpunkt die Erfahrung der Beteiligten in ihrem eigenen, unmittelbaren zwischenmenschlichen Handeln steht, bietet sich die Arbeit in Kleingruppen (oben als Lerngruppen bezeichnet) an, denn in welchem Umfeld würde sich Interaktionsverhalten besser beobachten und beeinflussen lassen können als in dem direkten Kontakt mit anderen Menschen? Auch stellt eine Gruppe den natürlichen Beziehungsrahmen des Menschen als soziales Wesen dar.[62] In ihr findet psychosoziales Lernen statt, wenn auch meist spontan und unbewusst. Interaktionelle Gruppen haben das ausschließliche Ziel, das Lernen im Bereich von Interaktion, Kommunikation und Kooperation zu fördern. In der interaktionellen Gruppe wird sich der Einzelne deshalb stärker bewusst, wie er sich tatsächlich verhält.[63]

## 2.2 Interaktionspädagogik und soziales Lernen

Die Interaktionspädagogik fällt in den Bereich des relativ komplexen Begriffs »soziales Lernen«. Gegenstand des sozialen Lernens sind die Beziehungen zu anderen und damit das Lernen abstrahierter Handlungsstrukturen.[64] Prior differenziert soziales Lernen in vier Funktionsbereiche:

1. *Soziales Lernen als soziale Elementarerziehung* fordert die Schule als Sozialisationsfeld, in dem Mindestanforderungen für soziales Lernen vermittelt werden.

2. *Soziales Lernen als gruppendynamisch-interaktionistische Funktion* fördert das Interaktionsverhalten der Gruppenteilnehmer und die Entwicklung innerhalb der Lerngruppe, wobei diese Gruppe als soziales System verstanden werden kann. Der Schwerpunkt liegt in der Persönlichkeitsentwicklung des Einzelnen durch Gruppenprozesse.[65]

3. *Soziales Lernen als sozialpädagogische und kompensatorische Funktion* findet vor allem da Anwendung, wo besondere Defizite in der Affekt- und Sozialbildung vorliegen. Die Lerngruppe bekommt hier einen kompensatorischen und therapeutischen Charakter: Die Entwicklung und Stabilisierung der Persönlichkeit ist das oberste Lernziel.

4. *Soziales Lernen als emanzipative und politische Funktion* hat die Befähigung zum politischen Verhalten in zweierlei Hinsicht zum Ziel: einmal die Aufklärung über psychosoziale Ursachen politischen Verhaltens, zum anderen die Vorbereitung zum politischen Handeln durch Erfahrungen mit kollektiven Arbeitsformen, demokratischer Führung, Auseinandersetzung mit politischen Gegenständen und der Teilnahme an »politischer Praxis«.[66]

Die Interaktionspädagogik hat ihren Schwerpunkt in dem zweiten Punkt dieser Differenzierung. Sie fällt größtenteils deswegen in dieses Feld, da der Funktionsbereich zwei den Funktionsbereich eins als Basis mit einschließt und dessen Erfahrungen das soziale Lernen im vierten Funktionsbereich erst ermöglichen. Interaktionspädagogik reicht also sowohl in die Elementarerziehung als auch in den Bereich des politischen Lernens hinein und beeinflusst die Lernprozesse auf diesen Gebieten.

Aus diesem Grund werden nun die genannten Funktionsbereiche von Prior näher erläutert:

*Grundgedanke des ersten Funktionsbereiches* ist die Notwendigkeit einer elementaren Sozialerziehung, um die Grundbedürfnisse menschlichen Verhaltens (Identität, Toleranz, Kooperation, Kritik, Solidarität, Sensibilität und Sprache) befriedigen zu können. Auch werden diese Bedürfnisse gleichsam Richtziele der Sozialerziehung, da sie die Ausbildung von Sozialkompetenz ermöglichen. Anknüpfungspunkte einer methodisch-didaktischen Konzeption sind daher das soziale Handeln, die Erlebnisse in Interaktionsprozessen und das Wissen über soziale Prozesse.[67] In Anlehnung an Habermas steht in diesem Funktionsbereich die instrumentale Handlungskompetenz im Mittelpunkt.

*Der zweite Funktionsbereich* setzt die Existenz »genereller Regelmäßigkeiten« in Interaktionen voraus, d. h. die Existenz eingespielter und im Verkehr mit anderen Personen verwendeter Lösungen von grundlegenden Interaktionsproblemen (wie zum Beispiel der Problemkreis Sicherheit, Vertrauen und Normalität). Diese stellen die Basis für eine länger andauernde Interaktion dar. Während die Interaktionsprobleme als unveränderbar erscheinen, versucht das intentionale soziale Lernen bei den Lösungsmustern dieser Probleme anzusetzen. Es wird dabei vorausgesetzt, dass die Gruppe den Einzelnen zu einem gruppeninternen Rollenspiel bzw. zu einer Selbstdarstellung vor den anderen Gruppenmitgliedern nötigt: »Man kann sagen, dass die mikrosoziale Einheit ›Gruppe‹ die kleinste soziale Form ist, die unter dem Druck des öffentlichen Rollenspiels steht, also gemeinsame, abgestimmte, aufeinander bezogene und entsprechend typisierte, mehr oder weniger rational ausgehandelte und in Routinen transformierte Situationsdefinitionen zustande bringt und ihr Handeln daraufhin ausrichten muss.«[68] Nach Niklas Luhmann sind diese generellen Regelmäßigkeiten, wie zum Beispiel die Strukturierung einer Gruppe um eine Führungsperson oder die typisierende Wahrnehmung und das gegenseitige Klassifizieren, nur durch ein Erkennen und Erfahren funktionaler Äquivalente möglich. Die Aufgabe des sozialen Lernens im Interaktionsbereich ist es daher, das künftige Einspielen unerwünschter genereller Regelmäßigkeiten zu verhindern und andere Ablaufmuster einzurichten, die die gleiche Funktion erfüllen, praktisch aber besser sind.

Voraussetzung für eine Akzeptanz dieser Äquivalente sind
1. das Erkennen von und das Erkennen mit generellen Regelmäßigkeiten und
2. das Erfahren der ablaufenden und das Erfahren einer alternativen Realität.[69]

Nur mithilfe dieser zwei Elemente kann ein Verlangen nach einem neuen bzw. anderen Verhalten entstehen, was zur Folge hat, dass ein bestimmtes ausgewählt und erprobt wird.

Eine entscheidende Rolle spielt in diesem Funktionsbereich auch das so genannte »Feedback«. Feedback ist eine Rekonstruktion und Verbalisierung abgelaufener Interaktionsprozesse in speziell dafür eingerichteten Situationen und dient der Überprüfbarkeit, also dem Erkennen des eigenen Verhaltens.[70] Durch ein richtig gegebenes Feedback[71] kann der Betroffene erkennen, wie sein Verhalten auf andere wirkt, wie er in einer Beziehung erlebt wird, wie er in der Gruppe steht usw.[72] Auch im Falle eines neu erprobten Verhaltens kann ein Feedback Aufschluss über die Angemessenheit des Verhaltens für die jeweilige Situation geben. Bei einem negativen Ergebnis muss ein anderes Verhalten ausgewählt werden, bei einem positiven kann das neue Verhalten generalisiert und in den allgemeinen Lebensbezug integriert werden.[73]

*Der dritte Funktionsbereich* fordert vor allem die Sozial- und Sonderpädagogik heraus. Auf ihn soll in dieser Arbeit nicht näher eingegangen werden. Er knüpft aber insofern an die ersten zwei Funktionsbereiche an, als er da, wo in der vorangegangenen individuellen Sozialisation Defizite in der Affekt- und Sozialbildung auftreten, eine kompensatorische und therapeutische Funktion erfüllt. Aufgabe der Sonder- und Sozialpädagogik ist es, auf soziale Devianz zu reagieren, indem sie diese entweder reduziert, verhindert oder aufhebt. Die Integration oder Resozialisierung ist das oberste Ziel des sozialen Lernens in diesem Funktionsbereich.[74]

*Der vierte Funktionsbereich* des sozialen Lernens[75] versucht die politische Dimension des emanzipatorischen sozialen Lernens herauszuarbeiten. Dabei baut er vor allem auf die ersten zwei Funktionsbereiche als positive Lernvoraussetzung auf. Mit ihm kann die Sensibilität für soziale Phänomene, die Einsicht in Gruppen- und Interaktionsprozesse, die Fähigkeit zur Kooperation politisch fruchtbar gemacht werden.

Im Mittelpunkt der methodisch-didaktischen Konzeption von Prior steht daher

1. die Erfahrung der Verknüpfung von lebensgeschichtlicher Subjektivität mit objektiven, geschichtlich gesellschaftlichen Bedingungen, wobei die gegebenen Erfahrungen aus ihrer Einzelfallhaftigkeit herausgehoben und objektiviert werden müssen,
2. die »soziale Fantasie«, also die Fähigkeit, mithilfe verschiedener Sichtweisen (zum Beispiel der Psychologie oder Politik) Strukturzusammenhänge zwischen Individuum und Gesellschaft zu erkennen und zu begreifen, d. h. die didaktische Aufarbeitung von Erfahrungen und
3. das Handeln bzw. Probehandeln, zum Beispiel in Plan- oder Rollenspielen, aber auch in konkret-gesellschaftlichen Situationen. Die durch »learning by doing« gemachten Erfahrungen mit kollektiven Arbeitsformen und demokratischer Führung haben dann auch eine Befähigung zum politischen Verhalten zur Folge.

Diese Ausführungen machen deutlich, dass soziales Lernen sowohl auf die Erlangung und Reflexion von Handlungskonzepten abzielt als auch auf eine konkrete Veränderung, soweit diese Konzepte irrationalen Zwängen unterliegen. Jedoch muss gleichzeitig eine Kompetenz erlangt werden, mit deren Hilfe man jene gesellschaftlichen Zwänge aufdecken und zugleich verändern kann, damit soziale Kompetenz überhaupt fruchtbar werden kann: eine politische Kompetenz.

Nach Lewin, dem Initiator der feldtheoretischen Betrachtungsweise, wird das Verhalten und Handeln des Ichs von einer dynamischen Ganzheit von Kräften bestimmt, die sich aus den Eigentümlichkeiten einer konkreten Situation und den Faktoren einer individuellen Lebenssituation ergibt.[76] Neben augenblicksgebundenen Befindlichkeiten, Motivationen und Emotionen wirken ebenso die Faktoren einer konkret erfahrenen Wirklichkeit, die Verhaltensvorgaben, Begrenzungen oder Versagungen bedeuten. Zu diesen Faktoren sind unter anderem zu zählen: »das politische System, Reichtum oder Armut, das Bildungsniveau, das Lebensalter und der Entwicklungsstand, Gesundheit oder Krankheit, usw.«[77] Meiner Ansicht nach muss daher eine Pädagogik, die ihren Schwerpunkt in die Beeinflussung interpersonellen Verhaltens legt, logischerweise auch das Ziel haben, sowohl intrapersonelle Grundstrukturen als auch gesellschaftliche Strukturen und Bedingungen zu berücksichtigen, aufzudecken und eventuell zu beeinflussen oder zu verändern.

Ob es deshalb Aufgabe der Interaktionspädagogik sein soll, diese geforderte politische Kompetenz zu vermitteln, kann bestritten werden, jedoch ist es meiner Meinung nach zumindest ihre Aufgabe, auch Lernprozesse in dieser Richtung in Gang zu setzen.

## 2.3 Beschreibung von Interaktionsspielen …

In diesem Kapitel werden die Interaktionsspiele als eine Technik der Interaktionspädagogik beschrieben. Die in diesem Buch vorgestellten Spiele bzw. Übungen haben also pädagogischen Charakter: Ihr Zweck liegt nicht in erster Linie in der Unterhaltung oder der Entspannung, sondern zielt die Förderung bestimmter Verhaltensweisen. Insofern sind es »ernste Spiele«, auch wenn dabei gelacht oder getobt wird. Sie haben sozusagen eine erzieherische Dimension.

Gerhard Portele hat pädagogische Vorteile bei der Verwendung von Spielen zusammengefasst:

- Ein Spiel hat positiven Aufforderungscharakter, somit ist eine extrinsische Motivation nicht nötig.
- Ein Spiel unterstützt innerhalb bestimmter Regeln die Selbststeuerung des Verhaltens und trägt somit zu der Erprobung und Entwicklung neuer Verhaltensweisen bei.
- Spielregeln erlauben ein mögliches Aus-der-Rolle-fallen und bieten somit die Möglichkeit zu neuen Erfahrungen (im Gegensatz zu den Regeln im Alltag).
- Der Als-ob-Charakter eines Spiels ermöglicht eine distanzierte Reflexion des Ichs und der Rolle; die Spielhandlung kann objektiv betrachtet werden und so zu einem Angstabbau vor ernsten Konsequenzen führen.
- Das Spiel bietet eine direkte Erfahrung, die im Gegensatz zur abstrakten Vermittlung einen Zugang zur Wirklichkeit darstellt.
- Das aktuelle Geschehen zwischen den Beteiligten, welches geplant und zielorientiert reflektiert wird, steht im Mittelpunkt.
- Aktives Interagieren fordert die Auseinandersetzung mit anderen und fördert den Zusammenhalt. Man lernt von- und miteinander, da Interaktionsspiele sich durch einen Nullsummencharakter auszeichnen (es gibt keine Gewinner oder Verlierer).[78]

Klaus W. Vopel definiert ein Interaktionsspiel folgendermaßen: »Ein Interaktionsspiel ist eine Intervention des Gruppenleiters (oder eines Teilnehmers) in die gegenwärtige Gruppensituation, welche die Aktivität aller Gruppenmitglieder durch spezifische Spielregeln für eine begrenzte Zeit strukturiert, damit ein bestimmtes Lernziel erreicht wird.«[79]

Interaktionsspiele haben das wechselseitige Reagieren von Spielpartnern zum Inhalt. Sie lassen sich in fünf Bereiche einteilen: Spiele zur Körper- und Raumerfahrung, Spiele zur Wahrnehmungsschulung, Ausdrucksspiele, Empathiespiele und Kooperationsspiele.[80]

Ziele von Interaktionsspielen können sein: Die Sensibilisierung von Wahrnehmung und Hilfen zur Kommunikation von Wahrnehmung (auch im Gefühlsbereich); das Erkennen der eigenen Person, verbunden mit dem Aufbau von Selbstbild, Selbstwertgefühl und Selbstverantwortlichkeit (einschließlich von Veränderungswünschen und -möglichkeiten); Hilfe zur Entwicklung von Vertrauen, Offenheit, Echtheit; offenes, konstruktives Feedback, um eine Entscheidung über mögliche Konsequenzen fällen zu können; flexibler Umgang mit Rollen und Normen; Kooperation, Entscheidungs- und Konfliktstrategien als klassische Gebiete des Interaktionstrainings usw.[81]

Besonderes Merkmal der Interaktionsspiele ist die Reproduktion der Realität, die jedoch nur ausschnittsweise betrachtet wird, wobei wesentliche Elemente isoliert und mit Spielregeln in einen künstlichen Kontext gesetzt werden. So ist die Konzentration der Teilnehmer auf einen Brennpunkt gerichtet und dieser wird bearbeitet. Dies erleichtert das Verständnis für Strukturen und strukturelle Zusammenhänge im Gegensatz zu einer eher unüberschaubaren Wirklichkeit. Außerdem kann neues, verändertes oder altes Verhalten in risikofreien Situationen geübt werden, dessen Scheitern nicht gleich in einer Katastrophe endet.[82] Da sich in diesem Schonraum der Gruppensituation die Als-ob-Elemente und Ernsthaftigkeit der Erfahrungen miteinander abwechseln, findet auch eine Ermutigung zum Hinterfragen des eigenen Verhaltens statt.[83]

## 2.4 ...und ihre Kategorisierung nach Komplexität

Da die Interaktionspädagogik meiner Meinung nach ein Teilkonzept des sozialen Lernens darstellt, werde ich in Anlehnung an die Funktionsbereiche nach Harm Prior in dieser Arbeit eine Grobeinordnung der Interaktionsspiele in Komplexitätsstufen versuchen. Dazu muss aber gleichzeitig eine Gliederung der Interaktionspädagogik anhand der verschiedenen Funktionsbereiche erfolgen. Die Übergänge zwischen diesen Stufen sind fließend.
Bevor ich auf die einzelnen Stufen zu sprechen komme, seien jedoch die Nachbesprechungsspiele/Reflexionsmethoden erwähnt, die sich keiner speziellen Stufe zuordnen lassen. Sie sind vielmehr eine zusätzliche Reflexionsstütze der – in den verschiedenen Stufen oder in anderen Interaktionen gemachten – Erlebnisse.

Der erste Funktionsbereich, die soziale Elementarerziehung, entspricht meiner Meinung nach dem Grundbaustein der Interaktionspädagogik. Hier geht es um die intrapersonelle Ebene der Person. Ziel ist es, dass der Einzelne ein Verhältnis zu sich selbst entwickelt, sich seiner Grundqualifikationen bewusst wird. Im Mittelpunkt der Interaktionsspiele in diesem Funktionsbereich steht die Wahrnehmung und Reflexion des eigenen Verhaltens und der Handlungsorientierungen.

Ein typisches Spiel für diese Stufe mit geringer Komplexität wäre das bei Gudjons beschriebene Spiel »Ich nehme wahr«. Bei diesem Spiel geht es um die Konzentration der Wahrnehmung auf das Hier und Jetzt. Der Teilnehmer soll sich über den Vorgang seiner eigenen Wahrnehmung bewusst werden und lernen, diese zu steuern.[84] Der Teilnehmer lernt mehr über sich selbst und seine Handlungsmuster in Interaktionsprozessen, jedoch stehen nicht die Interaktion und deren Gesetzmäßigkeiten im Mittelpunkt der Betrachtung, sondern der Betroffene selbst.

Ein anderes, dieser Stufe entsprechendes Spiel wäre die bei Vopel beschriebene Aufgabe »Mein Selbst«, bei der die einzelnen Teilnehmer versuchen, einer ihnen wichtigen Person eine Selbstbeschreibung zu geben.[85]

Die Komplexität der in dieser Stufe gespielten Übungen ist also relativ gering, da nur der Einzelne betrachtet wird. Wie der erste Funktionsbereich des sozialen Lernens Basis für den zweiten ist, ist auch diese Stufe der Interaktionspädagogik Voraussetzung für die zweite.

Die zweite Stufe der Interaktionspädagogik, die dem zweiten Funktionsbereich des sozialen Lernens (soziales Lernen in gruppendynamisch-interaktionellen Zusammenhängen) gegenübergestellt werden kann, ist wohl die »typische« Interaktionspädagogik. Sie interessiert sich hauptsächlich für die interpersonelle Ebene. Ihr Blickpunkt ist auf das Erleben der eigenen Persönlichkeit im Zusammenspiel mit anderen Teilnehmern und dem Erleben anderer Gruppenmitglieder gerichtet. Somit ist die Existenz einer Gruppe Voraussetzung für Lernerfahrungen in dieser Stufe.

Um ein Erkennen und Erfahren funktionaler Äquivalente zu alten Handlungsmustern (Lösung von Interaktionsproblemen) möglich zu machen, kann die Interaktionspädagogik Spiele bereitstellen, die die Auseinandersetzung der Gruppenmitglieder untereinander beinhalten. In dieser Stufe werden vom Gruppenleiter bewusst Interaktionen der Teilnehmer »provoziert«. Im Mittelpunkt der Spiele steht der Aufbau von Sicherheit, Vertrauen und Normalität. Typisch für diese Stufe wären daher Kommunikations- und Vertrauensspiele.

Im Grunde genommen müsste eigentlich an dieser Stelle der Begriff »Übung« anstatt »Spiel« verwendet werden, um das systematische Trainieren von Verhaltensmöglichkeiten herauszuheben und dem noch spielerischen Charakter der ersten Stufe der Interaktionspädagogik gegenüberzustellen. Da jedoch der Ausdruck »Spiel« auch in der gängigen Literatur häufiger verwendet wird als »Übung«, behalte ich aus Verständnisgründen den erstgewählten Begriff bei.

Die Komplexität der Situation hat hier im Vergleich zur ersten Stufe deutlich zugenommen. Sie beinhaltet nicht mehr nur die eigene Person, sondern interessiert sich für die Interaktionsmuster, die in der gesamten Gruppe zu finden sind. Dadurch nimmt auch die Komplexität der Spielsituationen zu. Die Gruppenteilnehmer arbeiten jetzt miteinander, um ihre eigene Handlungskompetenz gegenüber anderen zu hinterfragen. Spielbeschreibungen dieser Stufe sind im Teil II.1 zu finden. Aufbauend auf ein – in den ersten zwei Stufen gewonnenes – Verhaltensrepertoire werde ich im nächsten Absatz als Ausblick ein hypothetisches Modell einer dritten Phase der Interaktionspädagogik, die die institutionelle Ebene näher beleuchtet, beschreiben. Diese Stufe berücksichtigt die Förderung der reflexiven Handlungskompetenz.

*Ausblick*

Eine dritte Stufe der Interaktionspädagogik würde dem vierten Funktionsbereich des sozialen Lernens (soziales Lernen als emanzipative und politische Funktion) entsprechen. Eine Anwendungsmöglichkeit der Interaktionspädagogik in diesem Bereich findet in der Literatur eigenartigerweise keine Erwähnung. Erstaunlich ist dies, da in der heutigen Zeit das Schlagwort »Ganzheitlichkeit« immer mehr an Bedeutung gewinnt, in diesem Zusammenhang aber offensichtlich kaum berücksichtigt wird. Während in den ersten zwei Stufen Spiele zur Wahrnehmung des eigenen Verhaltens und zur Erlangung von Sicherheit, Normalität und Vertrauen verwendet werden, könnten die Teilnehmer in einer dritten Stufe aufgefordert werden, ihre Handlungskompetenzen in gemeinsame Aktionen umzusetzen. Zwar konnte ich keine Spielformen für die ersten zwei Elemente der methodisch-didaktischen Konzeption (die Verknüpfung von lebensgeschichtlichen Erfahrungen mit gesellschaftlichen Bedingungen und die soziale Fantasie) finden, jedoch gibt es hervorragende Spielformen für das so genannte Probehandeln, wie zum Beispiel die Plan- oder Rollenspiele. Aber auch so genannte »Problemlösungsspiele«, deren Charakter kurz erläutert werden soll, fallen in diesen Bereich, da sie den Teilnehmern durch kollektiv ausgeführte Erfahrungen Problembewältigungsstrategien an die Hand geben, die auch auf alltägliche Problemsituationen übertragen werden können. Ein »Problemlösungsspiel«, auch Initiativspiel genannt, ist eine problemorientierte Aktivität, bei der der gesamten Gruppe eine Fragestellung ohne Antwort gegeben wird. Zwei Fragen müssen dementsprechend gelöst werden: »Wie könnt ihr dieses Problem lösen?« und »Wie ist euer Plan?«. Ein Problemlösungsspiel eignet sich besonders, um den Teilnehmern den Weg eines Entscheidungsfindungsprozesses, Möglichkeiten der Mitbestimmung, Schlüsselqualifikationen eines Leiters usw., deutlich zu machen. Die Lösung wird durch Planen, Versuchen, eventuell anfängliches Versa-gen und letztendlichen Erfolg gefunden. Bei manchen Gruppen ist es sinnvoll, die einzelnen Schritte einer Problemlösung durchzusprechen, bevor man das Initiativspiel ausführt.

Folgende vier Schritte sind zu berücksichtigen:
1) Das Problem erkennen und die Aufgabe akzeptieren,
2) über das Problem nachdenken, es analysieren und einen Plan fassen,
3) den Plan ausführen,
4) die Effektivität des Planes bzw. der Aufgabe überprüfen.

Während die ersten zwei Phasen der Interaktionspädagogik beim subjektiven Faktor, d. h., den lebensgeschichtlichen, individuellen Daten eines Menschen[86] ansetzen, steht in der dritten Stufe die Umsetzung der individuellen Handlungskompetenzen in kollektiven Aktionen im Mittelpunkt. Die Fragen »Welche Mitwirkungs- bzw. Mitbestimmungsmöglichkeiten für euch selbst konntet ihr erkennen?« oder »Was ist euch aufgefallen, was ihr bereits aus anderen Situationen, wenn eine Gruppe an Problemen arbeitet, kennt?« könnten der von Prior geforderten Verobjektivierung der Erfahrungen vielleicht einen Anstoß geben.

Die Komplexität der Interaktionsübungen würde in diesem Bereich die höchste Stufe erreichen. Sowohl die intrapersonelle als auch die interpersonelle und gesellschaftliche Ebene kann auf ihre – die Handlungsmuster des Einzelnen, aber auch die der Gruppe – bedingende Einflussgröße hin berücksichtigt werden. Diese Stufe ist somit im Vergleich zu den vorher beschriebenen Stufen die komplexeste und damit auch die realitätsnaheste. Einige Beispiele solcher Interaktionsspiele sind im Teil II.2 zu finden.

Aus den bisherigen Ausführungen ist deutlich geworden, dass politisches Lernen nicht allein mit Interaktionsspielen bestritten werden kann. Die Interaktionspädagogik kann mit ihren Spielen in diesem hypothetischen Modell einer dritten Stufe, wenn überhaupt, nur einen Teilbereich des politischen Lernens ausmachen. Zum einen wendet sie sich mit Problemlösungsspielen nicht den von Prior geforderten geografischen oder zeitlichen Fernräumen, sondern nur den direkt erfahr- und sichtbaren Nahräumen zu (wobei ein Fernraum vielfach verformt und subjektiv umgesetzt auch als Nahraum relevant werden kann)[87]. Zum anderen bedarf es nach Prior zur politischen Erkenntnis auch der Beherrschung von abstrakten Erkenntnistechniken sowie der Verknüpfung lebensgeschichtlicher Erlebnisse mit objektiven gesellschaftlichen Bedingungen[88]. Auch dies können Problemlösungsspiele nicht leisten.

Die Interaktionspädagogik kann meiner Meinung nach nur für das von Prior geforderte dritte Element der methodisch-didaktischen Konzeption, dem Probehandeln, Spiele bereitstellen. Für diese müssen jedoch Möglichkeiten zur konkreten Veränderung (konkretes Handeln) tatsächlich gegeben sein, andernfalls würden sie zu einem bloßen Unterhaltungsprogramm degenerieren.

In einem entsprechenden Kontext jedoch könnten Spiele – auch in Anlehnung an die von Portele genannten Vorteile von Spielen – eine Chance bieten, die politische Apathie (= der Verlust des Glaubens, es können tatsächlich grundlegende Veränderungen erfolgreich durchgeführt werden) zu reduzieren bzw. Teilnehmern Strategien aufzuzeigen, als Gruppe gemeinsam Probleme anzugehen und zu meistern. Während die Beherrschung von Erkenntnistechniken beispielsweise in Unterrichtseinheiten gelernt werden können, bieten meiner Einschätzung nach erlebnispädagogische Maßnahmen ein Umfeld, das verändertes Handeln ermöglicht. Das nächste Kapitel soll unter anderem davon handeln.

## 2.5 Zusammenfassung der wichtigsten Thesen des zweiten Kapitels

***Ein Schritt seitwärts: die Interaktionspädagogik***

- Interaktion ist wechselseitiges, aufeinander bezogenes Handeln.
- Handeln, das sich auf der interpersonellen Ebene abspielt (kommunikatives Handeln), beeinflusst und wird beeinflusst durch die intrapersonelle, institutionelle und ökologische Ebene.
- Die Interaktionspädagogik beschäftigt sich schwerpunktmäßig mit der interpersonellen Ebene, mit der Förderung der interaktiven Kompetenz.
- Für diese Form des Lernens bietet sich als Organisationsform die Kleingruppe an.

***Interaktionspädagogik und soziales Lernen***

- Soziales Lernen kann in vier Funktionsbereiche und deren Aufgaben unterschieden werden:
  1. Soziale Elementarerziehung: Befriedigung von Grundbedürfnissen menschlichen Verhaltens.
  2. Gruppendynamisch-interaktionistischer Funktionsbereich: Aufdecken und Verhinderung unerwünschter »genereller Regelmäßigkeiten« durch ein Erkennen dieser und ein Erfahren alternativer.
  3. Sozialpädagogisch-kompensatorischer Funktionsbereich: Ausgleich der Defizite in Affekt- und Sozialbildung.
  4. Emanzipativ-politischer Funktionsbereich: Umsetzung der gewonnenen Handlungskompetenz in der Gesellschaft, durch die Verknüpfung lebensgeschichtlicher Subjektivität mit objektiven Bedingungen, durch soziologische Fantasie und durch Probehandeln bzw. Handeln.
- Die Funktionsbereiche bauen aufeinander auf, fließen ineinander.
- Die Interaktionspädagogik fällt in den Bereich der gruppendynamisch-interaktionistischen Ebene, hat aber durchaus auch Berührungspunkte mit den anderen Funktionsbereichen.
- Daher muss die Interaktionspädagogik ebenfalls diese Bereiche berücksichtigen bzw. Fehlentwicklungen in diesen zu verhindern und Weiterentwicklungen zu fördern suchen.

### *Beschreibung von Interaktionsspielen*

- Interaktionsspiele sind eine Technik der Interaktionspädagogik.
- Interaktionsspiele haben das wechselseitige Reagieren von Spielpartnern zum Inhalt.
- Mithilfe von Interaktionsspielen
  1. wird die Komplexität von realitätsnahen Strukturen auf zu behandelnde Brennpunkte reduziert (daraus ergibt sich die Schlussfolgerung, dass die Nähe zur Realität wächst, je mehr die Komplexität zunimmt).
  2. nimmt die pädagogische Kalkulierbarkeit zu.
  3. lassen sich die Ursachen für Störungen leichter ausmachen und überprüfen.
  4. nimmt die Planbarkeit von Wirkungen zu.

### *... und ihre Kategorisierung nach Komplexität*

- Die Funktionsbereiche des sozialen Lernens können den Komplexitätsstufen der Interaktionspädagogik gegenübergestellt werden.
- Stufenunabhängige Übungen sind die »Nachbesprechungsspiele« (Reflexionsmethoden), die der reflexiven Vertiefung der Erfahrungen und dem Feedback dienen.
- Die erste Stufe, die der sozialen Elementarerziehung entspricht, hat die geringste Komplexität. Im Mittelpunkt steht die Persönlichkeit des Einzelnen.
- Die zweite Stufe kann dem gruppendynamisch-interaktionistischen Funktionsbereich gegenübergestellt werden und beschäftigt sich hauptsächlich mit dem interaktiven Verhalten.
- Die dritte Stufe erreicht den höchsten Grad der Komplexität. Sie entspricht dem emanzipativ-politischen Funktionsbereich des sozialen Lernens. Die in dieser Stufe gespielten Übungen, Plan-, Rollen- und Problemlösungsspiele eignen sich besonders gut für das von Prior geforderte Probehandeln. Dabei steht die Umsetzung der individuellen Handlungskompetenzen in kollektive Aktionen im Mittelpunkt.

# 3. Die Verknüpfung von Interaktionspädagogik (bzw. Interaktionsspielen) und Erlebnispädagogik

Ob Interaktionsspiele in der Erlebnispädagogik sinnvoll sein können, bzw. eine Einbindung erlebnispädagogischer Maßnahmen in die Interaktionspädagogik Erfolg versprechend sein kann, lässt sich von zwei Seiten beleuchten:

1. aus der Sicht der Interaktionspädagogik
2. aus der Sicht der Erlebnispädagogik

## 3.1 Erlebnispädagogische Maßnahmen in der Interaktionspädagogik

Die ausschließliche Anwendung von Interaktionsspielen birgt angesichts der wesentlicheren Fragen der Identitäts- und Orientierungssuche der Jugendlichen die Gefahr der Langeweile und des Desinteresses in sich. Als so genannte Warm-up-Spiele sind sie meist noch willkommen und akzeptiert, später jedoch erweisen sie sich als zu leichtgewichtig.[89] Da sich Brigitte Melzer-Lena zufolge die heutige Jugend immer stärker am Lustprinzip ausrichtet (»Je polysensueller ein Erlebnis ist, desto stärker ist es gefragt«[90]), kann eine mit erlebnispädagogischen Aktivitäten verknüpfte Interaktionspädagogik dem Jugendlichen einen größeren Anreiz zur Mitarbeit anbieten.

Wie in den vorangegangenen Kapiteln schon erwähnt, müssen Interaktionsübungen eine gewisse Nähe zur Realität aufweisen, um in das Alltagsleben übertragen werden zu können. Dementsprechend sollte logischerweise ebenfalls der Kontext, in dem diese Übungen stattfinden, realitätsnah gestaltet sein. Gerade erlebnispädagogische Maßnahmen können ein extrem hohes Maß an Realität erreichen, wenn nicht sogar eine Intensivierung. Jörg W. Ziegenspeck verdeutlicht dies: Das Leben an Bord des Segelschiffes »Thor Heyerdahl« ist in Verbindung mit natursportlichen Aktivitäten ein reales Programm. »...die Programme auf der Thor Heyerdahl sind ein Stück Realität. Diese Realität wird systematisch und neu, d. h. ›vertieft‹, erfahren ... Das Programm auf der Thor Heyerdahl ist in diesem Sinne eine ... Verstärkung des Alltagslebens.«[91]

Erlebnispädagogische Maßnahmen stellen ein reales und nicht mit künstlichen Hilfsmitteln herbeigeführtes Umfeld dar. Der Schonraum ist nicht physischer Art (die Situation ist konkret), sondern psychischer Art (Unterstützung durch die Gruppe). Jedoch wird dem Teilnehmer durch die Erlebnispädagogik ein anderes (Er-)Leben als in den üblichen Sozialisationssituationen (wie zum Beispiel in Familie und Schule) ermöglicht.

Daher glaube ich, dass die Erlebnispädagogik ein Handlungsfeld symbolisiert, in dem die in der Interaktionspädagogik gewonnene Handlungskompetenz aktiv umgesetzt werden kann. Dies würde dem von Prior geforderten Element »Handeln« entsprechen. Es ist dem Teilnehmer einer erlebnispädagogischen Maßnahme möglich, in Interaktionsspielen gemachte Erfahrungen in realen Situationen, wie Rettungsdienst, Projekt oder Expedition, auszuprobieren, wobei der Schonraum (die Gruppensituation) zwar immer noch vorhanden ist, die Situation jedoch einen höheren Ernstcharakter hat als die in Interaktionsspielen oder -übungen.

## 3.2 Interaktionsspiele in der Erlebnispädagogik

Mittlerweile ist der Einsatz von Interaktionsspielen selbst in klassischen erlebnispädagogischen Seminaren, die ihren Schwerpunkt auf die natursportlichen Aktivitäten legen, gang und gäbe. Nur haben die Spielformen in diesem Zusammenhang jetzt interessantere Namen, wie z. B. »Konstruktive Lernprojekte«, »Kooperative Abenteuerspiele«, »Outdoor-Spiele« etc. Die nordamerikanische Organisation »Project Adventure«, die sich in den 70er Jahren von Outward Bound abgespalten hat, hat sich durch die Entwicklung von Interaktionsspielen in diesem Bereich besonders verdient gemacht.

Die Gründe für die Beliebtheit dieser Spiele sind nachvollziehbar:

- In der Ernstsituation einer erlebnispädagogischen Maßnahme ist es unabdingbar, dass die Teilnehmer zusammenarbeiten müssen. Wenn es darum geht, einen Kutter zu segeln oder einen Rettungsdienst durchzuführen, ist keine Zeit mehr für unnötige Diskussionen. Jeder muss abschätzen können, was er sich selbst und anderen zumuten kann. So sind Interaktionsspiele schon (oder gerade) in der Vorbereitung von Expedition, Projekt oder Rettungsdienst angebracht. Mit ihrer Hilfe kann der Einzelne mehr über sich und seine Grundfähigkeiten erfahren (Interaktionsspiele der ersten Stufe). Dies ist eine Grundvoraussetzung für die spätere Zusammenarbeit in Projekt, Expedition und Rettungsdienst. Der Einzelne muss einschätzen können, wie er sich in einer »kribbeligen« Situation verhalten wird, um die Gruppe nicht zu gefährden.
- Im Rettungsdienst oder in der Expedition darf die Zusammenarbeit weder von Konkurrenzstreben noch von Sympathie bzw. Antipathie der Einzelnen zu- oder gegeneinander abhängen. Mit Interaktionsspielen kann die Gruppe lernen, dass es Spaß macht zusammenzuarbeiten, und dass der Erfolg einer Aktivität von einer guten Zusammenarbeit und gegenseitigem Vertrauen abhängt, wobei die Vertrauenswürdigkeit und Zuverlässigkeit einer Person bereits in diesen Spielen überprüft werden kann. Ebenso können auch Vorurteile gegen Mitglieder abgebaut werden, da sich die Persönlichkeit und Kompetenz des Einzelnen oft schon in Interaktionsspielen festmachen lässt (Spiele der zweiten Stufe der Interaktionspädagogik).

- Da die Entwicklung eines Menschen zum mündigen, verantwortungsvollen Bürger der Gemeinschaft oberstes Ziel der Hahn'schen Philosophie war, darf in der Erlebnispädagogik nicht versäumt werden, Lernprozesse in Richtung einer sozial-politischen Handlungsfähigkeit in Gang zu setzen. So ist es in einer heiklen Situation, aber auch im Alltagsleben oft nötig, Entscheidungen und Lösungswege für Probleme, die eine bestimmte Gruppe betreffen, zu finden. Durch Interaktionsspiele können Teilnehmer eine Art allgemeingültige »flexible« Routine in Entscheidungsfindungsprozessen erlernen (Spiele der dritten Stufe der Interaktionspädagogik).
- Die im Teil 2.3 aufgeführten Spiele erleichtern ebenso ein objektives Feedback, das zur Überprüfung eines gewählten Verhaltens notwendig ist (siehe auch Kapitel 2.2 Interaktionspädagogik und soziales Lernen).
- Interaktionsspiele bzw. -übungen können den Transfer der in erlebnispädagogischen Maßnahmen gemachten Erlebnisse unterstützen. Im Gegensatz zu erlebnispädagogischen Maßnahmen sind Interaktionsspiele nicht an Erfahrungen in Extremsituationen gebunden und machen so eine alltagsgültige Auslegung möglich. Daher können Interaktionsspiele bzw. -übungen auch der nach Schwarz zur Verarbeitung der in Extremsituationen gemachten Erfahrungen nötigen Reflexion Rechnung tragen. Beispiele für solche Nachbesprechungsübungen können im Teil 2.3 nachgelesen werden.

## 3.3 Zusammenfassung der wichtigsten Thesen des dritten Kapitels

Bildlich zusammengefasst, lässt sich das in diesem Kapitel Beschriebene folgendermaßen darstellen:

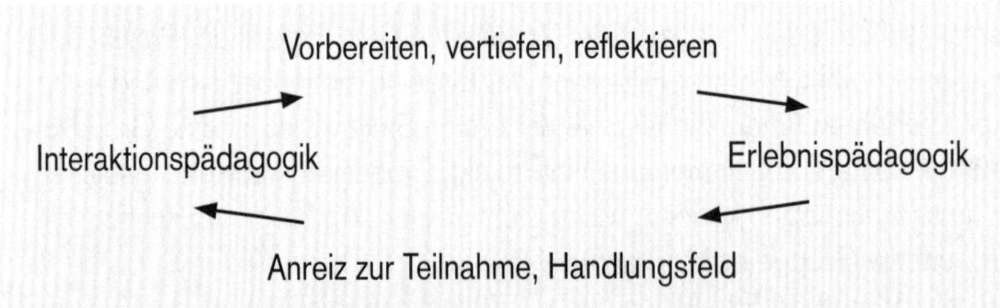


***Erlebnispädagogische Maßnahmen in der Interaktionspädagogik***

- Diese erhöhen den Anreiz zur Beteiligung an Übungen.
- Erlebnispädagogik bietet ein realitätsnahes, wenn nicht sogar reales Handlungsfeld für die Interaktionspädagogik, wobei ein gewisser Schonraum, nämlich die Gruppensituation, gewährleistet bleibt, aber ein anderes Erleben durch die Risikosituation ermöglicht wird.

***Interaktionsspiele in der Erlebnispädagogik***

- Diese stellen ein wichtiges Instrument der Erlebnispädagogik dar, da sie Erfahrungen vorbereiten, vertiefen und reflektieren können. Durch Interaktionsspiele
  - können die in Extremsituationen gemachten Erfahrungen auf den Alltag generalisiert werden,
  - können Geschehnisse im Gruppenzusammenhang herausgearbeitet werden,
  - kann der Einzelne seine Reaktionsmuster in gefährlichen Situationen einschätzen lernen,
  - kann die Vertrauenswürdigkeit einer Person überprüft werden,
  - kann die Zusammenarbeit und Kooperation einer Gruppe gefördert werden,
  - kann der Weg von Entscheidungsfindungen deutlich gemacht werden.

# 4. Resümee, Kritik, Schlussgedanken

Abschließend werde ich als Resümee ein Modell skizzieren, das den Zusammenhang zwischen den Stufen der Interaktionspädagogik und den Elementen der Erlebnispädagogik deutlich macht. Die Übergänge dieser Stufen sind fließend, die zugeordneten Elemente bzw. Stufeninhalte stellen nur die Schwerpunkte dar.

Bei dieser Systematisierung hatte ich den Eindruck, dass die Interaktionspädagogik dem Teilnehmer konkrete Handlungsmuster zu liefern versucht, während die Erlebnispädagogik eher abstrakt auf eine Stärkung des Selbstwertgefühls und, erst in der Folge damit verbunden, dem Jugendlichen neue, aber nicht im speziellen (bzw. nicht so konkret) festgelegte Handlungserfahrungen ermöglicht, die er selbst ausfüllen kann.

**1. Stufe:**
Der Schwerpunkt der Betrachtung liegt bei beiden Feldern in der einzelnen Person.

| | |
|---|---|
| Erlebnispädagogik: | körperliches Training |
| Interaktionsspiele: | Wahrnehmungsspiele; Spiele, die das Selbstvertrauen stärken |

*Erläuterung:*
Als erlebnispädagogisches Element wäre hier das originäre körperliche Training zu nennen, das symbolisch für ein Erleben der eigenen Fähigkeiten steht. Der Teilnehmer erfährt seine (körperlichen) Grundfähigkeiten und Grenzen. Oft gelangt der Teilnehmer aber zu der Feststellung, dass er mehr in der Lage zu leisten ist, als er bisher gedacht hat, dass sich seine Grenzen verschieben. Im Laufe der erlebnispädagogischen Maßnahme erstreckt sich diese Feststellung aufgrund der anderen Aktivitäten nicht nur auf die rein körperliche Ebene, sondern auf die Gesamtpersönlichkeit des Jugendlichen. »Das Bewusstsein um die eigenen Grenzen trägt dann offenbar auch zu einer realistischen Einschätzung einer sich verändernden Umwelt bei und verhilft zu der Einsicht, dass sich mit gesteigertem Können auch die eigenen Grenzen verschieben.«[92]

In der Interaktionspädagogik finden Spiele Anwendung, die es dem Einzelnen ermöglichen, sowohl sein eigenes Wahrnehmungsverhalten, als auch seine sich selbst gesetzten Grenzen und Möglichkeiten zu überprüfen, zu reflektieren und gegebenenfalls zu erweitern. Es geht um das persönliche Erleben von Situationen. Typische in der Erlebnispädagogik verwendete »Spiele« dieser Stufe sind beispielsweise die Übungen im so genannten »Seilgarten« wie das »Trapez«. Bei dieser Übung steht der Teilnehmer auf einer ungefähr acht Meter hohen Plattform. Dabei wird er durch ein Sicherheitssystem mit Klettergurt, Seilen und Karabinern von einer anderen Person, ähnlich wie beim Felsklettern, gesichert.

Aufgabe des Teilnehmers ist es, von dieser Plattform aus ein in gleicher Höhe angebrachtes Trapez per Sprung zu erreichen und sich an diesem festzuhalten. Den Abstand von Plattform zu Trapez kann der Teilnehmer selbst einstellen. Bei dieser Übung spielt die Überwindung der eigenen Angst, der selbst gesetzten Grenzen, aber auch das Vertrauen in die Sicherungsperson eine große Rolle. Der Teilnehmer wird aufgefordert, den für ihn persönlich maximalen Abstand zwischen Trapez und Plattform einzustellen. Ob er das Trapez letztendlich ergreifen kann, ist nicht wirklich wichtig. Wichtig ist seine Wahrnehmung der Situation und das eventuelle Überschreiten seiner bis dahin selbst gesetzten Grenzen. Da bei diesen Spielen aus Sicherheitsgründen ganz bestimmte Aufbaukonstruktionen der Anlagen nötig sind, werde ich aufgrund mangelnder Kompetenz keine Spiele dieser Stufe im zweiten Teil des Buches anführen.

**2. Stufe:**
Diese Stufe beschäftigt sich vor allem mit dem zwischenmenschlichen Verhalten in einer Gruppe.

| | |
|---|---|
| Erlebnispädagogik: | Expedition, Projekt |
| Interaktionsspiele: | Vertrauensspiele, Kommunikationsspiele, Konzentrationsspiele |

*Erläuterung:*
In der Erlebnispädagogik lassen sich die Expedition und das Projekt als ursprüngliche Elemente in dieser Stufe festmachen. In beiden Aktivitäten geht es um die Auseinandersetzung des Einzelnen mit anderen Gruppenmitgliedern, zum Beispiel bezüglich der Organisation einer ihnen (eventuell von sich selbst) gestellten Aufgabe. Bei einer Expedition durch die Berge oder beim Kuttersegeln müssen unzählige organisatorische Einzelheiten berücksichtigt werden, die sowohl über psychisches als auch physisches Wohlergehen einzelner Gruppenmitglieder entscheiden können. Ebenso ist es nötig, dass sich die einzelnen Persönlichkeiten miteinander arrangieren, dass man einander akzeptiert und respektiert.

Die Interaktionspädagogik stellt in dieser Stufe Spiele bereit, mit denen der Einzelne dazu »gezwungen« wird, mit anderen Gruppenmitgliedern zu interagieren, sei es nun, um Vertrauen zu anderen Gruppenmitgliedern aufzubauen oder um zu lernen, wie man effektiv miteinander kommuniziert. Durch die Spiele können aber auch Voraussetzungen, Verlauf und Konsequenzen von Interaktionsgeschehen näher beleuchtet werden. In Teil II sind im ersten Kapitel einige dieser Stufe zuordnungsbaren Spiele aufgeführt, wie zum Beispiel der »Vertrauensfall«, das »Pendel« oder »Blind«. Während in der ersten Stufe die Aktion und Reaktion des Einzelnen im Vordergrund steht, liegt hier der Schwerpunkt der Betrachtung in der Interaktion der beteiligten Parteien, seien es nun Fallender oder Fänger, Blinder oder Sehender.

### 3. Stufe

Während die ersten beiden von Prior geschilderten Funktionsbereiche meiner Meinung nach mühelos auf die Stufen der Interaktionspädagogik übertragen und Spiele gefunden werden können, bereitet die Gegenüberstellung des vierten Funktionsbereiches des sozialen Lernens (als emanzipative und politische Funktion) mit einer dritten Stufe der Interaktionspädagogik und ihren Spielen gerade bezüglich der Anwendung in der Erlebnispädagogik Schwierigkeiten.

Das rührt zum einen wohl von dem Zusammenhang zwischen politischem Lernen und politischer Bildung her. Letztere wendet sich den, von der individuellen Erlebniswelt aus gesehen, ferneren Räumen zu; Räume, die nicht mehr situativ erfahrbar sind, sondern einer abstrakten, strukturellen Darstellung bedürfen.[93] Das bedeutet, dass unmittelbare Erfahrung im politischen Raum nur selten möglich ist. Dies steht jedoch im Widerspruch zur Erlebnispädagogik, die das direkt Erfahrene als ihr Hauptmedium ansieht.

Bedenken stellen sich ebenso ein, da der theoretische Teil – die für das Erlangen einer »soziologischen Fantasie« nötige Einführung in Erkenntnistechniken – der handlungsorientierten Erlebnispädagogik widerspricht. Doch das wäre wahrscheinlich nicht das eigentliche Problem. Auch in der Vorbereitung von Expeditionen wird beispielsweise kurz in die Theorie des Segelns eingeführt. Es bleibt also festzustellen, dass soziales Lernen als politisches Lernen in den von Prior vorgeschlagenen Bereichen anwendbar ist, in der Erlebnispädagogik aber nur mit Schwierigkeiten.

Das Hauptproblem liegt in der Auslegung des Begriffes »politische Teilhabe bzw. politisches Lernen«:
Hahn sah als mündigen und verantwortungsvollen Bürger jenen Menschen an, der über die Tugenden der Zivilcourage, Gerechtigkeit und Solidarität verfügt. Nur wenn man diese Tugenden besitzt, kann man seiner Meinung nach verantwortungsvoll am politischen Geschehen teilhaben. So verfolgte er mit seinen Schulgründungen auch politische Absichten. Sie stellten Modelle für eine Reform des traditionellen staatlichen Bildungswesens dar, deren Absicht eine Charakterisierung im Sinne einer Erziehung zur Verantwortung durch Verantwortung war. Diese persönliche Verantwortung des Einzelnen (das »Erbarmen«) sah Hahn durch Organisation, Verwaltung, Verkehrsregeln immer mehr verdrängt. In seinen Schulen sollte der Einzelne im sozialen Zusammenhang seine gesellschaftlich fruchtbar zu machenden Fähigkeiten entfalten können. Seiner Meinung nach trug er zur Förderung der Demokratie bei, indem er junge Menschen heranbildete, »die argumentieren können, ohne sich zu zanken, sich zanken können, ohne sich zu verdächtigen, sich verdächtigen können, ohne sich zu verleumden.«[94]

Zwar sah Hahn sowohl Jung als auch Alt von den im ersten Kapitel genannten Verfallserscheinungen betroffen, jedoch legte er sein Augenmerk vor allem auf die Jugendlichen, da seiner Meinung nach die Seele eines Dreißigjährigen bereits »hart wie Gips ist«[95] und sich somit nur noch schlecht formen lässt.

Er war also der Meinung, dass eine Charaktererziehung der Jugendlichen zu verantwortungsvollen und mündigen Bürgern eine Kompetenzerweiterung der Gesamtgesellschaft zur Folge hätte. Doch auch hier drängt sich die Frage nach der Transfermöglichkeit auf:

Jugendliche stehen heute vielfach unter Druck. Sie nehmen wahr, dass der Wert eines Menschen in erster Linie an seiner Leistungsfähigkeit bzw. Bildungsbiographie gemessen wird. Sie müssen mit der Forderung leben, frühzeitig den »richtigen« Weg einzuschlagen, aber trotzdem flexibel zu sein. Sozial Benachteiligte werden an den Rand gedrückt – die soziale Kluft wird größer. Die klassischen Stellen der Sozialisation – Eltern, Schule, Kirchen – können den Jugendlichen häufig nicht mehr das richtige Rüstzeug für die Bewältigung ihres Alltags mitgeben.[96]

Die damit einhergehenden Auswirkungen und Probleme finden einen statistischen Niederschlag:

a) Jugendliche sind mit einem erheblichen Anteil an der Gesamtkriminalität beteiligt;[97]
b) Es gibt eine hohe Bereitschaft, Konflikte durch Gewaltanwendung zu lösen[98]
c) Mehr als die Hälfte der Schüler aller Altersstufen gibt an, direkt von Mobbing oder Cybermobbing betroffen zu sein[99]
d) Obwohl der Konsum von Nikotin und illegalen Drogen sinkt, bleibt die Menge des konsumierten Alkohols auf einem hohen Niveau[100]
e) Der Verbrauch von Ritalin und vergleichbaren, leistungssteigernden Präparaten steigt[101]
f) Fast jeder dreizehnte Jugendliche verlässt die Schule ohne Abschluss[102]

Aufgrund dieser erschreckenden Tatsachen stellt sich die Frage, ob nicht eine Erziehung zur Verantwortung für sich selbst einer Erziehung zur Verantwortung der Gesellschaft gegenüber vorgezogen werden sollte. Die Statistiken bilden einerseits die Schwierigkeiten ab, mit der eigenen Lebenswirklichkeit zurecht zu kommen. Auch die Flucht in eine eigene Kultur lässt sich als eine Konsequenz der unzureichend gewordenen Gesellschafts- und Erziehungsstruktur erklären. Es ist eine Kultur, die sich in vielen Punkten von der der Erwachsenen unterscheidet und somit auch oft als Subkultur bezeichnet wird.[103] »Die Orientierung in altershomogenen Gruppen ersetzt Sozialisierungsdefizite von Familie, Schule und Ausbildung.«[104] Die Jugendkultur symbolisiert, wie viele andere Subkulturen auch, die Auseinandersetzung mit den und die Antwort auf die herrschenden Lebensbedingungen.

So wird die jugendliche Subkultur angesehen

- als besondere Form von abweichendem Verhalten,
- als Widerstandsbewegung, Absetzbewegung, jugendliche Selbstausbürgerung,
- als Katalysator gesamtgesellschaftlicher Probleme,
- als problemlösendes Angebot an Stellen, da die gesellschaftlichen Vorkehrungen und Einrichtungen (Schulsystem, Familie, etc.) nicht mehr einen hinreichenden Orientierungs- und Sozialisationsbeitrag in der modernen Welt zu leisten vermögen,
- als »Speerspitze des sozialen Wandels«, also als gesellschaftsverändernde Potenz...«.[105]

Die politische Teilhabe Jugendlicher äußert sich häufig kulturell und seltener direkt gesellschaftskritisch. Unzufriedenheit und Protest wird nicht mehr wie in den 60er Jahren in organisatorischen Demonstrationszügen mit Plakaten etc. deutlich gemacht, sondern in der Schaffung von eigenen Stilen bezüglich Konsum, Kleidung, Sprache, Umgangsformen, neuen sozialen Treffpunkten, usw.[106].

Ob Hahn bei seinen Überlegungen die Existenz einer jugendlichen Subkultur berücksichtigt hat, ist anzuzweifeln. Jedenfalls konnte ich diesbezüglich keine Hinweise in der Literatur finden. Vielleicht liegt das aber auch daran, dass sich die Idee einer »Jugendkultur«[107] erst zu Hahns Zeiten entwickelte.

Deswegen sind Hahns Konzepte aber in der Erziehung von Jugendlichen nicht wertlos geworden. Es gilt vielmehr, den abstrakten Anspruch Hahns nach politischer Teilhabe auf den konkreten und umfassenderen Begriff »kulturelle Auseinandersetzung und Teilhabe« auszuweiten. Gleiches ist auch bei dem vierten Funktionsbereich des sozialen Lernens und somit bei der dritten Stufe der Interaktionspädagogik denkbar. Die dort gewonnene Handlungskompetenz wäre demnach nicht mehr nur als »kulturelle Kompetenz« zu bezeichnen, die die Fähigkeit der Auseinandersetzung des Jugendlichen mit seiner Lebenswirklichkeit (in dem Sinne, dass neue Bedeutungen in alte Wertemuster übernommen werden) fordern.

Eine dritte Stufe, bei der es darum geht, dass das Gelernte in eine »Welt außerhalb der Gruppe« getragen wird, könnte daher auch so aussehen:

| | |
|---|---|
| Erlebnispädagogik: | Rettungsdienst |
| Interaktionsspiele: | Initiativspiele, Problemlösungsspiele, Rollenspiele, Planspiele |

*Erläuterung:*
Der Rettungsdienst, der durch die Professionalisierung von der Erlebnispädagogik heute im übertragenen Sinne (soziale Hilfeleistungen wie Erste Hilfe, Arbeit mit Alten, Behinderten, Kindern etc.) als erlebnispädagogische Aktivität verwendet wird, kann, meiner Meinung nach, als das dieser Stufe zugehörige Element der Erlebnispädagogik bezeichnet werden. Während sich die anderen Aktivitäten auf die eigene Person oder die Gruppe beziehen, findet der Rettungsdienst in der »Außenwelt« statt. Ich denke, dass diese sozialen Hilfeleistungen vor allem für Jugendliche eine wertvolle Erfahrung sein können, da sie ein Gefühl der Nützlichkeit der eigenen Existenz vermitteln.

Die Interaktionspädagogik könnte in diesem Bereich sehr komplexe Spiele anbieten, die auch, wie bereits erwähnt, Problemlösungsspiele oder Initiativspiele bzw. neudeutsch »kooperative Abenteuerspiele« oder »Outdoor-Spiele« genannt werden.

Ein Initiativspiel fördert die Gruppeninteraktion, da die Aufgaben von den Teilnehmern verlangen, kooperativ zu arbeiten und die physischen und geistigen Fähigkeiten eines einzelnen Gruppenmitglieds zu »nützen«. Ebenso muss die Gruppe aber auch mit den Handicaps der Teilnehmer zurechtkommen, sei es nun Gewicht, Kraft, Intelligenz, Behinderung oder Ähnliches. Daher sind die ersten zwei Stufen der Interaktionspädagogik gute Vorübungen für diese relativ komplexe Spielform.

Während die vorangegangenen Stufen auf das Erleben der Persönlichkeit des Einzelnen und auf die Beobachtung, Durchführung und Analyse von Interaktionen gerichtet sind, soll in dieser letzten Stufe durch die Interaktion aller Gruppenmitglieder ein ganz bestimmtes Ziel, welches nicht in der Gruppe begründet ist (wie zum Beispiel der Vertrauensaufbau oder die Förderung der Kommunikationsfähigkeit in den ersten beiden Stufen), erreicht werden. Diese Stufe beschäftigt sich also schwerpunktmäßig nicht mehr mit der Persönlichkeit des Einzelnen bzw. dessen Erleben in der Auseinandersetzung mit anderen (diese Grunderfahrungen werden in dieser Phase als vorhanden vorausgesetzt), sondern mit der Lösung einer vom Gruppenleiter präsentierten, fiktiven, unlösbar erscheinenden Problemsituation, die von der gesamten Gruppe gelöst werden soll. Dabei können die einzelnen Gruppenteilnehmer in Zusammenarbeit mit anderen konkrete Bewältigungsstrategien im Umgang mit Problemen erlernen, deren Lösung das Ziel der gesamten Gruppe ist. Im zweiten Kapitel von Teil 2 sind zahlreiche Beschreibungen solcher Spiele aufgeführt, wie zum Beispiel »Das Rettungsboot«, »Giftfluss« und »Säureteich«.

Der »Wert« der Interaktionsspiele für die Erlebnispädagogik ist in den vorangegangenen Kapiteln deutlich geworden. Eine Verknüpfung der beiden pädagogischen Stränge wäre demnach eine sinnvolle Methode, Jugendlichen zu helfen, ein Gespür für die Probleme anderer zu entwickeln und in wechselseitiger Abhängigkeit voneinander eine Unabhängigkeit der eigenen Identität zu erlangen. Beide Ansätze wollen die soziale Funktionsfähigkeit des Jugendlichen steigern, damit er seinen persönlichen Problemen im alltäglichen Leben besser gewachsen ist.

Vielleicht können deshalb mit ihrer Hilfe Impulse gesetzt werden, dass Jugendliche versuchen, auf ihre eigene Kultur- bzw. Lebenswirklichkeit Einfluss zu nehmen und ihren Lebensraum nicht passiv als gegeben hinnehmen, sondern kreativ mitgestalten. Dies hängt wahrscheinlich wesentlich von ermutigenden Erfahrungen im Gruppenzusammenhang ab.

Es bleibt natürlich die Frage, ob man mithilfe dieses Zugangs die die Jugendprobleme verursachenden, gesellschaftlichen Faktoren beeinflussen kann. Jedoch kann offensichtlich eine Bewusstseinsveränderung von Angehörigen einer Sub- oder Teilkultur auch eine Bewusstseinsveränderung der Gesamtgesellschaft zur Folge haben, womit man wieder bei der politischen Teilhabe wäre, allerdings von einem anderen, ganzheitlicheren Zugang aus.

# 5. Die Qualifikationen eines Erlebnispädagogen

In diesem Kapitel soll der Frage nachgegangen werden, wie ein Anforderungsprofil aussieht, durch die sich ein Erlebnispädagoge auszeichnen sollte.

Wer im erlebnispädagogischen Feld arbeitet, trägt eine hohe Verantwortung und muss bestimmte Anforderungen erfüllen. Neben der notwendigen fachlichen Qualifikation kommt auch seiner Persönlichkeit eine hohe Bedeutung zu.

### Anforderungsprofil

***Ich sehe den Erlebnispädagogen als***

- Architekten von Lernsituationen; von Situationen, die den Teilnehmern die Möglichkeit bieten, sich selbst als Individuum und als Gruppenmitglied zu erfahren, um bisherige Verhaltensweisen und Einstellungen überprüfen und gegebenenfalls verändern zu können,
- Person, die diese Erfahrungen mit den Teilnehmern aufarbeitet und reflektiert, um eine Übertragung ins Alltagsleben zu ermöglichen,
- Verantwortlichen, der die physische und psychische Sicherheit der Teilnehmer gewährleistet.

Der Betreuer muss dabei viele verschiedene Rollen übernehmen, wie zum Beispiel die des Trainers, des guten Beispiels, der Autoritätsfigur, des Initiators, des Kumpels, des Beschützers usw.

***Die Qualifikationen eines Erlebnispädagogen lassen sich in drei Grundkategorien einteilen:***

1. Bestimmte Persönlichkeitsmerkmale (personale und soziale Eigenschaften/Fähigkeiten)
2. Pädagogisch und psychologische Kompetenzen
3. Technisch-instrumentelle Kompetenzen: d. h. Beherrschung des ausgewählten Mediums und sichere Begleitung der Teilnehmenden in den angebotenen erlebnispädagogischen Lernräumen und Aktivitäten.[108]

Bei der näheren Beschreibung dieser drei Bereiche ist allerdings zu bedenken, dass hier ein Idealbild eines Erlebnispädagogen gezeichnet wird. Kaum ein Mensch wird alle diese Eigenschaften und Kompetenzen besitzen können.

## Zu 1. Bestimmte Persönlichkeitsmerkmale:

a) Die erste Qualifikation, die ein Erlebnispädagoge besitzen sollte, ist gleichzeitig in der Umsetzung wahrscheinlich eine der problematischsten: Es sollte sein oberstes Ziel sein, *überflüssig* zu werden. Er arrangiert zwar die Situationen, gibt zu Anfang auch Hilfestellungen, zieht sich aber nach und nach aus dem Gruppengeschehen zurück. Damit ist er an der Lösung bzw. Bewältigung der gestellten Aufgaben kaum mehr beteiligt. Grundsätzlich assistiert er n ur den Teilnehmern bei ihren Erfahrungen. Diese Zurückhaltung fällt schwer. Manchmal ist es kaum mitanzusehen, wie kompliziert ein Kutter aufgetakelt wird, obwohl man es vor einer halben Stunde noch genau erklärt hat. Auch wie die Lebensmitteltonnen am sinnvollsten gepackt werden, sodass man zur Essenszeit nicht jedes Mal den gesamten Inhalt an Deck verstreuen muss, um an die begehrten Bohnen zu kommen, weiß der Betreuer aus Erfahrung. Doch weil die Teilnehmer diese Erfahrung noch nicht gemacht haben, sollte ihnen dazu die Gelegenheit gegeben werden. Die Teilnehmer lernen viel mehr durch eigenes Handeln als durch Belehrungen. Je öfter der Betreuer in das Gruppengeschehen eingreift (bzw. »hilft«), desto weniger lernen die Teilnehmer, sich auf die einzelnen Kompetenzen ihrer Gruppenmitglieder zu verlassen bzw. neue Fähigkeiten zu entwickeln. Daraus folgt, dass der Gruppenbetreuer manchmal aus der Sicht Außenstehender nur dasitzt und nichts tut. Trotz dieser scheinbaren Untätigkeit übt er dabei eine wichtige Funktion aus. Er beobachtet das Geschehen, um später die abgelaufenen Prozesse mit den Teilnehmern zu diskutieren und zu reflektieren. Nicht zu vergessen sind ebenfalls die unsichtbaren Vorleistungen: die überdachte Auswahl der Aktivität, die Planung der ganzen Lernsequenz usw. Die neutrale Beobachterrolle muss allerdings auch den Teilnehmern verständlich und einsehbar sein, sie müssen den Zweck und Nutzen verstehen, ansonsten wirkt ein solches Verhalten provokativ und faul.

Aus diesen Erläuterungen ist aber auch gleichzeitig zu schließen, dass der Erlebnispädagoge die Fähigkeit besitzen muss, von seiner *»Macht« Anteile abgeben zu können.* Nicht er unterrichtet und erzieht die Teilnehmer, sondern die Teilnehmer sind für den Lern- und Entwicklungsprozess selber verantwortlich. Der Erlebnispädagoge kann diesen Prozess nur unterstützend begleiten.

b) Mit der angesprochenen Machtstellung ist auch ein weiterer Aspekt zu bedenken. Selbstverständlich muss der Erlebnispädagoge das Medium, mit dem er arbeitet, beherrschen, doch muss er zugleich auch *der Versuchung widerstehen, seine Kompetenz und sich selbst darstellen zu wollen.* Vielmehr sollte er den Teilnehmern verständlich machen können, dass es in einer erlebnispädagogischen Maßnahme am wenigsten darum geht, eine Sportart zu erlernen bzw. sein bisheriges Können weiter zu perfektionieren – dazu sind spezielle Kajak-, Segel-, Kletterkurse viel besser geeignet –, sondern dass die Sportart nur als Medium benutzt wird. In diesem Zusammenhang muss daher die nötige Identifikation des Gruppenbetreuers mit erlebnispädagogischen Konzepten erwähnt werden.

c) Als letztes wichtiges Persönlichkeitsmerkmal ist das *ökologische Bewusstsein* des Betreuers zu nennen. Wie bei der Darstellung des Hahn'schen Konzepts (vgl. Kap. 1.1) bereits erwähnt, bezeichnet der Dienst am Nächsten wegen der zunehmenden Professionalisierung der traditionellen Rettungsdienste heute vielmehr soziale und ökologische Hilfen. Grund hierfür ist vor allem die weltweit fortschreitende Umweltzerstörung, aber auch das Argument, dass erlebnispädagogische Maßnahmen in der Regel in wilden und ursprünglichen Landschaften stattfinden und während dieser Kurse die Natur durch das Eindringen von Menschen stark belastet werden kann. Um beide Problematiken den Teilnehmern näher bringen zu können, muss der Erlebnispädagoge ein ökologisches Bewusstsein besitzen. Ihm kommt in diesem Zusammenhang eine wichtige Vorbildfunktion zu. Überzogen gesagt: Was nützt es, den Teilnehmern zu predigen, keinen Müll liegen zu lassen, was nützt das beste »Wegabschneiderprojekt« oder Aktionen wie die »Umweltbaustelle Hangschutz«[109], wenn der Leiter seine Kippen auf die Erde fallen lässt?

### Zu 2. Pädagogische und psychologische Kompetenzen

a) Ein Erlebnispädagoge muss ein Gefühl dafür entwickeln, welche Aufgaben den Bedürfnissen seiner Gruppe bzw. der einzelnen Mitglieder am ehesten gerecht werden. Er kann bei der Auswahl von Aktivitäten, abhängig von seinen Zielen, entweder
   1. neue Situationen (Stadtkinder in der freien Natur) oder
   2. kontrastreiche Situationen (Kurs von »Durchschnitts«jugendlichen mit Drogenabhängigen – Abbau von Vorurteilen) oder
   3. gewohnte Situationen verwenden.

Teilnehmer lernen am einfachsten aus Situationen, die nützlich für sie sind vgl. 2b. Der größte und am längsten andauernde Lerneffekt kann erreicht werden, wenn möglichst viele Sinne (Hör-, Tast-, Geruchssinn usw.) eingesetzt werden. Die Aufgaben sollten für die Teilnehmer herausfordernd, aber machbar sein. Die Zielsetzung richtet sich jeweils auf einen bestimmten Lernaspekt. Es gilt also Lernszenarien zu schaffen, die wiederum auf die spezielle Situation wie auf den einzelnen Teilnehmer bzw. die Gruppe abgestimmt sind.

b) Bestimmte Grundprinzipien in der Anleitung der Teilnehmer sind zu berücksichtigen:

***Einführung:*** Die Teilnehmer müssen für das Thema/die Aufgabe aufgeschlossen werden. Der Betreuer muss ihre Aufmerksamkeit wecken und sie vom Nutzen der Aufgabe überzeugen können.

***Präsentation:*** Die Präsentation der Aufgabe sollte in einer logischen Lernsequenz geschehen, die auf vorhandenem Wissen und Erfahrung aufbaut. Der Betreuer muss
- klar und deutlich sprechen,
- wichtige Punkte betonen,
- Blickkontakt mit der Gruppe halten,
- Gesten und Hilfsmittel zur Erläuterung benutzen und
- periodisch überprüfen, ob das Gesagte verstanden worden ist.

***Praxis:*** Die Teilnehmer sollen durch Handeln lernen. Der Leiter sollte ihnen daher die Möglichkeit geben, das Gelernte praktisch anzuwenden. Die Gruppenmitglieder sollen sich gegenseitig unterstützen und assistieren.

c) Der Erlebnispädagoge muss wissen, wie man Menschen für etwas motivieren kann und selbstverständlich fähig sein, dieses Wissen auch umzusetzen. Um das Interesse und die Bereitschaft eines Jugendlichen oder einer Gruppe für eine Aktivität zu wecken, muss der Sinn einer Aufgabe klar sein. Darum ist es vor allem wichtig, dass der Erlebnispädagoge weiß, warum er der Gruppe diese oder jene Aufgabe stellt. Obwohl ein erlebnispädagogischer Kurs unter anderem von Stresssituationen lebt, geht es in keinem Fall darum, Jugendliche wahllos in Grenzsituationen zu stoßen und zu erwarten, dass sie mit diesen zurechtkommen. Stress, hervorgerufen durch noch nie gemachte Erfahrungen, durch unlösbar erscheinende Aufgaben, durch Gruppendruck usw. muss für den Teilnehmer nachvollziehbar bleiben und mit Vorsicht eingesetzt werden. Er muss so eingesetzt werden, dass die sich daraus ergebende Anspannung zu einer kreativen und nicht lähmenden Kraft wird.

In Anlehnung an das PITT-Modell (welches die Phasen eines Lernprozesses zu definieren versucht) muss der Teilnehmer zunächst für ein Thema aufgeschlossen und motiviert werden. Er muss erkennen, dass es um Inhalte und Probleme geht, die ihn berühren, die ihm nützen und die er auch konkret in seinem Alltag verwenden kann (Problematisierungsphase). Die Motivation eines Teilnehmers ist weiterhin abhängig von verschiedenen Faktoren: Erstens von seiner körperlichen Verfassung. Zweitens davon, ob er eine Beziehung zwischen der Aktivität und einer Sache sieht, die er will (er beteiligt sich an der Essensplanung, weil er Vegetarier ist und eine Alternativkost zusammenstellen will), oder ob er eine Beziehung zwischen der Aktivität und dem, was er vermeiden will, sieht (er baut das Zelt auf, weil er nicht nass werden will). Drittens spielt bei der Motivation die Erwartung eines Erfolgs eine Rolle (er will nicht klettern, weil er der

Meinung ist, dass er es nicht schafft). Viertens ist es für die Motivation entscheidend, inwieweit der Einzelne an der Entscheidung und Zielsetzung beteiligt war.

Der Erlebnispädagoge muss unter der Berücksichtigung dieser Punkte sein »Produkt verkaufen« können.

d) Die zweite Stufe, die als Informationsphase bezeichnet werden kann, nimmt in der Erlebnispädagogik einen relativ geringen Raum ein, da weniger durch Information gelernt werden soll, als vielmehr durch eigenes Handeln. Für den Betreuer bedeutet das, nur die wirklich notwendigen Angaben, zum Beispiel bezüglich der Sicherheitsvorkehrungen, zu geben. Da es erwiesen ist, dass ein dauerhaftes Behalten von Lernvorgängen kaum ohne Übung möglich ist, fordert das PITT-Modell als dritte Phase eine Trainingsphase, denn: Je länger, intensiver und häufiger wir eine Erfahrung machen, umso größer ist die Wahrscheinlichkeit, dass Informationen ins Langzeitgedächtnis gelangen und lebenslang behalten werden. Ausgenommen sind die Erfahrungen, die, verbunden mit starken Emotionen, sofort im Langzeitgedächtnis abgespeichert werden. Und die Erlebnispädagogik erhebt ja gerade den Anspruch, solche außergewöhnlichen Erfahrungen zu ermöglichen; jedoch müssen die Basisvoraussetzungen dafür erst geschaffen werden. Dazu eignen sich hervorragend Spiele, auf die bereits in den vorangegangenen Kapiteln ausführlich eingegangen wurde und die in Teil 2 dieses Buches noch einzeln beschrieben werden. Mit ihnen kann auf bevorstehende Aktivitäten vorbereitet werden, Erlebnisse können vertieft und Erfahrungen aufgearbeitet werden.

Die letzte Phase (Transferphase) versucht eine Umsetzung der Erfahrungen in das Alltagsleben zu erleichtern. Diese Phase muss in der Erlebnispädagogik besondere Aufmerksamkeit erlangen, da sich an diesem Punkt die Kritiker nur allzu gerne reiben (vgl. Teil 1, Kapitel 1.3. Transferproblematik der Erlebnispädagogik). Ideal wäre selbstverständlich eine Nachbetreuung der Teilnehmer nach einer erlebnispädagogischen Maßnahme. Wo das nicht möglich ist, muss eine optimale Arbeit (durch Nachbesprechungen) während der Maßnahme erfolgen.

e) Bezüglich der Aufarbeitungen bzw. Nachbesprechungen der gemachten Erfahrungen möchte ich noch einige Anmerkungen machen, da ohne sie eine Übertragung der Extremsituation in das Alltagsleben erschwert wäre. Es ist manchmal sehr schwierig, den richtigen Zeitpunkt für Aufarbeitungen zu finden. Nicht immer ist es dem Betreuer klar, ob er in ein Gruppengeschehen eingreifen oder ob er bis zum Ende der Aktivität mit einer Besprechung warten soll. Dieses Feingefühl ist nur mithilfe eigener Erfahrungen erreichbar. Grundsätzlich stellt man in der praktischen Arbeit fest: Wenn man das Gefühl hat, dass die Situation außer Kontrolle gerät, sollte man die Aktivität sofort unterbrechen und darüber eine Diskussion anregen (Habt ihr ein Problem? Was ist es? Woran liegt es? Wie könntet ihr es effektiv lösen?).

Eine wichtige Qualifikation des Erlebnispädagogen ist die Fähigkeit des Zuhörens. Sie ist vor allem in den Nachbesprechungen gefragt. Den Teilnehmern sollen nicht nur Erfahrungen ermöglicht werden, sondern aus ihren Erlebnissen Schlüsse für ihr weiteres Leben ziehen. Oft sind die Botschaften der Gruppenmitglieder hinter der Präsentation eines aktuellen Problems versteckt. Mit der Akzeptanz des aktuellen Problems wird Raum geschaffen, um tiefere Gefühle und Gedanken auszusprechen.

f) Notwendig ist ebenso ein Gespür für Signale hinsichtlich gruppendynamischer, aber auch individueller Prozesse, unter anderem auch deswegen, da er bei manchen Aktivitäten mit der Gruppe nicht zusammen ist. Für ihn stellt sich in der Nachbesprechung einzelner Aktivitäten die Aufgabe, anhand von Reaktionen, Antworten und Verhaltensweisen einzelner, aber auch der Gruppe insgesamt, ablesen zu können, welche Probleme bei der zu besprechenden Aktivität auftraten.

Ein Entwicklungsmuster, das in fast allen Gruppen auftritt, mag dem Betreuer in der Einschätzung der Reife und der eventuell auftretenden Probleme seiner Gruppe weiterhelfen:

1. Wer bist du?
Zu Beginn einer neuen Gruppe bleiben die meisten Teilnehmer in ihrer typischen Stereotype. Die Unterhaltung beschränkt sich auf den höflichen »Smalltalk«, um Selbstdarstellungen und Konflikte zu vermeiden. Es ist die Stufe, in der die Leute versuchen, ein Gefühl füreinander zu entwickeln. In dieser Phase verlassen sich die Teilnehmer auf den Betreuer als Orientierungshilfe.

2. Wer sind wir?
In dieser Stufe ist das Zusammengehörigkeitsgefühl noch immer niedrig, Cliquen und Untergruppen können sich entwickeln, um die Spannung mit anderen teilen zu können. Einige Gruppenmitglieder werden um die Führung der Gruppe kämpfen. Es ist wahrscheinlich die Zeit der größten Konflikte. Der Betreuer sollte ein Auge auf die Schwächeren und weniger Geschickten der Gruppe haben, da diese nicht selten als Sündenböcke für den Frust der anderen Mitglieder herhalten müssen.

3. Wer bin ich?
Dies ist die konstruktivste und kooperativste Periode der Gruppenentwicklung. Die Führung der Gruppe ist oft untereinander aufgeteilt, den Kompetenzen der einzelnen Mitglieder entsprechend. Diese sind jetzt mehr bereit, einander zuzuhören. Je mehr die Teilnehmer an Vertrauen gewinnen, desto mehr öffnen sie sich und sind bereit, andere zu akzeptieren.

4. Das sind wir!
In dieser Stufe entwickelt sich die Gruppe durch gegenseitige Akzeptanz zu einer Einheit, die auf gemeinsam erlebten Abenteuern und wirklicher Freundschaft basiert. Es können selbstverständlich immer noch Konflikte auftreten, nur liegt es jetzt im gemeinsamen Interesse der Gruppe, diese zu lösen.

5. Wohin jetzt?
In den meisten erlebnispädagogischen Maßnahmen ist die Auflösung der Gruppe nach Kursende unvermeidbar. Das bevorstehende Ende der Gruppe muss diskutiert werden, wobei der Schlüsselpunkt in der Einsicht liegt, dass die Auflösung der Gruppe eher ein Symbol des Wachsens als des Verlustes ist.

Dieses Schema stellt nur eine grobe Orientierung dar. Nie wird ein Kurs mit demselben Programm genauso ablaufen wie der vorhergegangene (eine Tatsache, die die Arbeit interessant macht); das liegt logischerweise an der Individualität der Gruppenmitglieder.

g) Als Gruppenbetreuer kann man die tollsten Programme für eine Gruppe zusammenstellen; es kommt meistens anders, als man denkt. Ein Erlebnispädagoge muss ein hohes Maß an Flexibilität besitzen. Nicht selten scheitern Programme aufgrund falscher Zeitplanung, wobei zuviel Zeit einfacher zu füllen ist, als verlorene Zeit aufzuholen (ersteres ist auch nur sehr selten der Fall). Viel öfter jedoch scheitern längerfristige Programme (= Detailplanungen für länger als einen Tag) daran, dass sich die Gruppe anders entwickelt, als man vermutet hat und somit manche Aktivität/Spiele überflüssig macht, während Aufarbeitungen/Nachbesprechungen notwendig werden.

Der Betreuer tut daher gut daran, sich ein möglichst großes Repertoire an Übungen und Spielen anzueignen, um in gegebenen Situationen möglichst schnell und spontan Ausweichmöglichkeiten zu haben.

Grundsätzlich wird es von Vorteil sein, einige Warming-up-, Kommunikations- und Interaktionsübungen zu kennen, da sich mit ihrer Hilfe der in Punkt (f) beschriebene Gruppenprozess unterstützen und beeinflussen lässt.

h) Um die bereits angesprochenen Kompetenzen in einem erlebnispädagogischen Kurs oder einer Maßnahme anwenden zu können, muss der Gruppenbetreuer über ein Mindestmaß an Wissen über die Besonderheiten seiner Zielgruppe haben. Er muss sich ungefähr im Klaren darüber sein, was seine Gruppe ohne Sicherheitsrisiko meistern kann und was nicht. Es ist unbestreitbar, dass ein Kurs mit Jugendlichen aus einem Jugendzentrum anders gestaltet und organisiert werden muss als eine Maßnahme mit straffälligen, behinderten Jugendlichen usw. Zu dem Wissen über die Zielgruppe gehören, abhängig von dieser, unter anderem sozialmedizinische Kenntnisse, Kenntnisse über bestimmte gesetzliche Bestimmungen (wie zum Beispiel die der Aufsichtspflicht) usw. dazu. Der Erlebnispädagoge muss sich daher vor Beginn der Maßnahme unbedingt darüber informieren, mit welchen Teilnehmern er es zu tun haben wird.

### Zu 3. Technisch-instrumentelle Kompetenzen

a) Zu den Grundvoraussetzungen, um verantwortlich erlebnispädagogische Aktivitäten durchführen zu können, gehört für den betreffenden Leiter, dass er das jeweilige Medium, mit dem er arbeitet (Kletteraktivitäten, Theater, Zirkus) auch beherrscht. Ist das nicht der Fall, so muss er u. a. aus sicherheitstechnischen Gründen einen Fachmann hinzuziehen. Aus pädagogischer Sicht sind damit Vorteile wie Nachteile verbunden. Als Co-Leiter kann sich der Erlebnispädagoge als Prozessbeobachter ganz auf das Verhalten einzelner Teilnehmer oder gruppendynamischer Prozesse, wie z. B. die unterschiedlichen Phasen (forming, storming, norming, performing) konzentrieren, während der Experte des verwendeten Mediums für den Ablauf der Aktion und die Sicherheit zuständig ist, so zum Beispiel beim Bau einer Seilbrücke, bei City Bound Projekten, Kooperativen Abenteuerspielen usw.

Allerdings können sich auch Schwierigkeiten und Konflikte ergeben, wenn die Aufteilung der Zuständigkeitsbereiche nicht genau genug geregelt ist, die zweite Person einen anderen Führungsstil bevorzugt oder gar als »Unpädagogischer« einen erheblichen Störfaktor darstellt. Wichtigster Gesichtspunkt sollte aber bei diesen Überlegungen immer die Sicherheit der Gruppe sein.

b) Zu der technisch-instrumentellen Beherrschung des Mediums gehört zugleich die Aufgabe, die Sicherheit der Teilnehmer zu gewährleisten. Das setzt einerseits Wissen um die verbindlichen Sicherheitsstandards voraus wie andererseits die Fähigkeit, in gefährlichen Situationen jederzeit eingreifen und die notwendigen Sicherheitsmaßnahmen durchführen zu können. Erlebnispädagogische Maßnahmen wollen unter anderem den Abenteuergeist wecken, und viele Aktivitäten scheinen gefährlich, weil das kalkulierte Risiko Bestandteil des Konzeptes ist. Der Verantwortung des Betreuers für die Sicherheit der Teilnehmer muss ständige Aufmerksamkeit gewidmet werden. Es ist selbstverständlich, dass die letztendliche Verantwortung im Falle von Gefahr beim Gruppenleiter liegt, unabhängig davon, wie viel er während des Kurses an die Teilnehmer abtritt. Besondere Aufmerksamkeit muss dabei der Gefahr von Überanstrengung gewidmet werden, besonders dann, wenn Teilnehmer nicht wirklich fit sind und zum Beispiel an einer Infektion leiden. Ebenso muss darauf geachtet werden, dass die gestellten Aufgaben die Fähigkeiten der Teilnehmer nicht übersteigen. Das benützte Material, wie zum Beispiel Boote, Kajaks, Kletterausrüstung usw. muss auf höchstem Standard in Stand gehalten und vor jeder Expedition überprüft werden.

Jedoch liegt die beste Sicherheit nicht in der Vermeidung von Gefahren, sondern vielmehr im Lernen des Umgangs mit Gefahren. Während einer Maßnahme sollten die Teilnehmer daher Rettungstechniken wie zum Beispiel Erste Hilfe erlernen.

Auch die Kenntnis der Sicherheitsstandards ist für den Erlebnispädagogen unabdingbar. Viele erlebnispädagogische Organisationen bzw. Schulen haben zusätzlich zu den gesetzlichen ihre eigenen Sicherheitsvorschriften und schulen ihre Mitarbeiter darin. Die neuseeländische Outward-Bound-Schule schreibt beispielsweise für Buschexpeditionen vor:
- Eine Expeditionsgruppe muss mindestens vier Leute umfassen.
- Eine Gruppe darf sich niemals trennen, es sei denn in Notfällen.
- Buschrouten müssen immer den Faktor Zeit im Falle von Notfällen eingeplant haben.
- Keine Expedition darf begonnen werden, ohne vorher Flussüberquerungen geübt zu haben usw.

Das Mitarbeiterhandbuch enthält noch zahlreiche weitere Hinweise, die Gruppenleiter zu beachten haben. Sie zeigen insgesamt, wie notwendig eine profunde Vorbereitung bzw. Ausbildung derjenigen Personen ist, die erlebnispädagogische Maßnahmen durchführen wollen.

c) Selbstverständlich müssen alle Erlebnispädagogen mit Erste-Hilfe-Maßnahmen vertraut sein und sie anwenden können.

Hiermit ist die Aufzählung der verschiedenen Kompetenzen abgeschlossen, die ein Erlebnispädagoge im Idealfall vereinen sollte. Diese stehen jedoch nicht isoliert nebeneinander, sondern bedingen und ergänzen sich wechselseitig. Nur zusammen bilden sie die Grundlage für eine gelingende und erfolgreiche Praxis!

# Teil 2

## Interaktionsspiele: erlebt, beschrieben und bewertet

# Schritte beim Einsatz von Interaktionsspielen in der pädagogischen Arbeit

Dieser Teil des Buches soll Erlebnispädagogen eine Sammlung an Interaktionsspielen an die Hand geben, mit deren Hilfe sie Gruppenprozesse initiieren, unterstützen und hinterfragen können.

Die Spiele sind flexibel: flexibel in der Methode, im Programm und im Nutzen. Spiele können Probleme abbilden und eventuell durch ihren spielerischen Zugang auch entschärfen. Sie können die Zusammenarbeit innerhalb einer Gruppe fördern; sie können, indem sie Vertrauen verlangen, den einzelnen Teilnehmern helfen, ein Gespür für die Probleme anderer zu entwickeln und sie können wechselseitige Abhängigkeit, zur gleichen Zeit aber auch die Unabhängigkeit der persönlichen Identität fördern.

Bei dem Einsatz von Spielen bewegen Sie sich zwischen den Rollen des Bergführers und des Künstlers. In der Rolle des Künstlers kreieren Sie spannende Szenarien, die die Teilnehmer neugierig machen und zur Teilnahme motivieren. Der Bergführer in Ihnen steckt den Weg ab, gibt handfeste Regeln vor und ist dafür verantwortlich Schaden von der Gruppe abzuhalten. Insofern müssen Sie Achtsamkeit und Verantwortungsgefühl ausstrahlen, um der Gruppe die Sicherheit zu geben, sich auf etwas Neues und Unbekanntes einzulassen.

1. Schritt:
Insofern müssen Sie sowohl die Spiele, als auch den Zeitpunkt, zu dem sie gespielt werden, sorgfältig auswählen. Dabei spielt der Nutzen, den das Spiel den Teilnehmern bringen soll, eine große Rolle. Diese Entscheidung fällen Sie mit Blickrichtung auf die Gruppensituation und die aktuellen Frage- bzw. Problemstellungen der Gruppe. Dafür beschreiben Sie für sich die Ziele der Intervention, die auf der Situation und den Bedürfnissen der Gruppe fußen und bringen sie in eine Rangfolge (z. B. Hauptproblem: In der Gruppe gibt es Tabuthemen, die einen Arbeitsablauf behindern – 1. Ziel: Förderung der Kommunikation auch über kritische Themen; insbesondere wird die Verantwortung für die Qualität der Dienstleistung dem Vorgesetzten zugeschoben – 2. Ziel: Schärfung des Qualitätsbewusstseins und der Verantwortungsbereitschaft der einzelnen Teilnehmer).

2. Schritt:
Aufgrund dieser Beschreibungen wählen Sie ein Spiel aus, dass eine möglichst hohe metaphorische Ähnlichkeit bezüglich der Fragestellungen der Gruppe besitzt (z. B. kann bei dem Spiel »Spinnennetz« der Fokus sehr gut auf das Thema »Qualität« gelegt werden). Diese Passung auf die Bedürfnisse der Gruppe mit analogen Spielen setzt zum einen voraus, dass man das einzusetzende Spiel selbst schon mal gespielt hat bzw. weiß, welche Strukturen durch es vorwiegend abgebildet werden können. Zum anderen ist es einfach auch Übungssache, das richtige Spiel zu finden. Unerfahrene Kursleiter können sich die charakteristischen Merkmale eines Spiels, wie z. B. Ziele, Regeln, Zeitstruktur, Ausrüstung etc., auflisten und auf die jeweilige besondere Gruppensituation beziehen.

3. Schritt:
Wenn Sie die Beziehung zwischen der Gruppensituation und den Grundzügen des Spieles hergestellt haben, dann ist es wichtig, zu entscheiden, wie sich eine erfolgreiche Lösung der Aufgabe – im Hinblick auf die angestrebte Lösung im wirklichen Leben – darstellt; also welches Verhalten durch erfolgreiches Handeln unterstützt werden soll und welches Handeln die problematische Struktur zum Vorschein bringt und somit einen spürbaren »Rückschlag« (nass werden, Abbruch vor Beendigung, verspätetes Essen, etc.) zur Folge hat.

4. Schritt:
Danach kommt der Künstler in Ihnen zum Zug: In der Fachsprache heißt es, »den isomorphen Rahmen zu verstärken«, praktisch bedeutet es, das Spiel mit Symbolen, Requisiten und sprachlichen Metaphern so anzureichern, dass die Entwicklung von Assoziationen mit den Vorstellungen und der Komplexität der Erfahrung verstärkt wird. Dieser Schöpfungsprozess erstreckt sich von der Umbenennung des Spiels – das Spinnennetz wird zum Vertriebsnetz – bis hin zu den Fachausdrücken, die die Teilnehmer von ihrer Lebens- bzw. Berufswelt her kennen (z. B. werden die Löcher im Spinnennetz zu Produktionsschritten und die Teilnehmer zu Hardwarekomponenten, die zusammengesteckt werden müssen).

5. Schritt:
Wenn Sie das Gefühl haben, dass der isomorphe Rahmen, den Sie erschaffen haben, passt, dann werfen Sie noch mal einen Blick zurück. Überprüfen Sie, ob Ihr Werk auch die Teilnehmer zur Aktivität motiviert, ob es genügend deren Aufmerksamkeit fesselt, ob es ausreichend Alltagsbezug besitzt und ob die momentane Stimmung der Gruppe für den Einsatz des Spieles überhaupt geeignet ist.

6. Schritt:
Dann beginnt der Aktionsteil! Mitentscheidend für die Motivation der Teilnehmer ist neben dem Sicherheitsgefühl, das der Leiter durch seine Person vermittelt, die Präsentation des Spiels. Die Einführung muss kurz und knackig sein, am besten der Rahmen zuerst, dann die Sicherheitsrichtlinien und dann die Details (die isomorphen Verbindungen). Um Unklarheiten und Missverständnisse zu vermeiden, schreiben Sie die Spielregeln am besten für alle sichtbar auf. Schon bei der Anmoderation von Spielen achten Sie auf die Reaktionen der Teilnehmer in verbaler oder nonverbaler Form und sprechen diese an, wenn Sie sie nicht deuten können bzw. wenn sie Ihnen verständnislos oder abwertend erscheinen. Auf alle Fälle muss der Gruppenleiter die freiwillige Teilnahme an einem Spiel betonen. In der Regel sollte sich der Gruppenleiter nicht am Spiel beteiligen, da auf der einen Seite die Gruppe von ihm unabhängiger werden kann, auf der anderen Seite er das Geschehen besser beobachten kann.

Man kann den Teilnehmern vor Beginn des Spieles die Gründe bzw. Ziele erläutern, die man mit diesem Spiel verfolgt, um sie schon während des Spiels auf bestimmte Lernerfahrungen hin zu sensibilisieren. Abzuwägen bleibt, dass dabei der Aktionsspielraum während des Spiels eingeengt wird, da die Teilnehmer eventuell, anstatt sich spontan zu verhalten, versuchen, der Erwartung entsprechend zu handeln. Insofern kann es sinnvoll sein, den Teilnehmern nach dem Spiel die Frage zu stellen, was sie aus diesem Spiel lernen konnten bzw. welche Vermutungen sie haben, weshalb es gespielt wurde.

7. Schritt:
Eine der Aktion ebenbürtige Stellung kommt der Auswertung bzw. Nachbesprechung zu. Ohne gründliche Auswertung ist ein Spiel zwar nicht völlig wertlos, die Chance zur kognitiven Verarbeitung des eigenen Verhaltens mithilfe einer Reflexion aus der Distanz – und damit auch das Interesse an der Rationalität der Interaktion – wird aber nicht genützt. Den Teilnehmern sollte die Möglichkeit gegeben werden, über ihre Erfahrungen nachdenken – wobei ihnen dazu spezielle Fragen oder Übungen vorgeschlagen werden können – und ihre Erfahrungen anderen Gruppenmitgliedern mitteilen zu können. Der Gruppenleiter verstärkt die positiven Erfahrungen, rahmt die negativen neu und bietet Unterstützung bei der Integration des Gelernten in den Alltag an. Auch kann es für den Lernerfolg hilfreich sein, wenn der Teilnehmer seine Erfahrungen verbalisiert und durch Erklären für sich Klärung schafft. Der letzte Schritt in der Auswertung beinhaltet die Fragestellung, wie und wann das Gelernte nun konkret im Alltag eingesetzt werden kann.

**Hilfreiche Basisstrategien:**

a) Abwarten

Teilen Sie der Gruppe mit, dass Sie nicht um Ruhe bzw. ihre Aufmerksamkeit kämpfen werden, sondern immer dann, wenn die Gruppe zusammenkommt, so lange warten werden, bis sie bereit sind, zuzuhören. Diese Ansage kann noch verstärkt werden, indem man diese Strategie als Spiel »Abwarten« bezeichnet und dass die Gruppe die Verantwortung für die Aufmerksamkeit trägt.

Solange man nicht die Aufmerksamkeit der Gruppe hat, sollten alle Fragen und Unterbrechungen ignoriert werden. Man sollte sich keine Sorgen über die Zeit machen, die man mit dieser Übung verliert. Wenn man von Anfang an auf ihr beharrt, wird man sich später viel Zeit und Anstrengung ersparen können.

b) Der Kreis und die Runde

Das Sitzen im Kreis ist besser als das Sitzen in einer Reihe oder einer wahllosen Anordnung von Stühlen. Es beeinflusst die Gruppendynamik. In einem Kreis hat jede Person den gleichen Status, jeder kann jeden sehen, Blickkontakt ist möglich. Der Kreis muss als sicherer Platz verstanden und erfahren werden, als ein Platz, an dem jeder über seine Ansichten oder Gefühle frei sprechen kann, ohne ausgelacht zu werden.

Von einer »Runde« spricht man dann, wenn jede Person im Kreis ein Statement abgibt, indem sie einen bestimmten Satzanfang weiterführt:

*Ich habe entdeckt … (zum Beispiel bei neuen Erfahrungen)*
*Ich habe festgestellt …*
*Ich wünsche mir …*
*Ich habe gelernt …*
*Ich ärgere mich über …*
*Ich weiß zu schätzen …*

Wenn eine Runde stattfindet, muss jeder, der nicht gerade das Wort hat, ohne Kommentar ruhig zuhören. Wenn ein Statement eine Diskussion erfordert, sollte diese erst nach Beendigung der Runde erfolgen.

c) Vertrauen

Vertrauen ist ein wichtiges und wirksames Erziehungswerkzeug. Es ist der Schlüssel für persönliche Beteiligung. Wenn die Teilnehmer so viel Selbstsicherheit erlangt haben, dass sie sagen können: »Ich möchte es gerne versuchen.« anstatt »Das mache ich auf keinen Fall!« ist ein Grund dafür die Entwicklung von Vertrauen. Vertrauen, dass er weiß, er muss es nicht machen; dass die Vorsichtsmaßnahmen und Sicherheitsvorkehrungen zuverlässig sind; dass der Gruppenbetreuer keine Schwierigkeiten verschweigt, sondern die Aufgabe ehrlich präsentiert; dass, wenn er etwas ausprobiert und dabei versagt, die Gruppe ihn unterstützen wird; dass er nicht ausgelacht wird; dass seine Ideen und Kommentare, ohne lächerlich gemacht zu werden, berücksichtigt werden; usw.

Selten wird eine Person eine Sache ausprobieren, wenn sie das Gefühl hat, dass die Gruppe nicht hinter ihr und das Risiko in keinem Verhältnis zu der Sache steht. Eine Gruppe dagegen, die bereits positive Erlebnisse gemacht und Erfolg gehabt hat, wird erfahren können, dass Vertrauen gleichzeitig mit Selbstsicherheit wächst. In der Erlebnispädagogik kann Vertrauen nur mit Geduld, Rücksichtnahme und Behutsamkeit über längere Zeit erreicht werden, kann aber auch innerhalb einer Sekunde durch Nachlässigkeit und unüberlegtes Verhalten zerstört werden.

Einen Überblick über verschiedene vertrauensbildende Übungen bietet der anschließende praktische Teil.

d) Krisen

Was für Probleme oder Bedenken man auch immer mit einer Gruppe hat, es sind nicht Ihre Probleme, es sind die Probleme der Gruppe. Versuchen Sie nicht, diese Krisen nachts zu Hause im Bett oder bei Mitarbeiterbesprechungen zu lösen. Berichten Sie der Gruppe von dem Problem und fragen Sie die Teilnehmer nach Ihren Ideen und Gefühlen. Vertrauen Sie darauf, dass auch eine kleine Gruppe Jugendlicher die Fähigkeit besitzt, wie Erwachsene schwierige, physische und mentale Probleme zu lösen. Durch die Präsentation der Probleme wie auch durch die direkte Konfrontation mit der Krisensituation selber lernen sie mehr als durch methodische Hinweise oder gar vorgefertigte Lösungen. Dazu eignen sich u. a. Initiativ- und Rollenspiele oder systemische Aufstellungen.

# Interaktionsspiele der zweiten Stufe

# Kuschelfangen

| | |
|---|---|
| Ziel: | Warm up; Bewegung; Abbauen von Berührungsängsten; Strategie |
| Teilnehmer: | 8–14 |
| Alter: | ab 10 Jahre |
| Material: | ein bis zwei Tücher |
| Beschreibung: | Je nach Gruppengröße sind ein oder zwei Teilnehmer die Jäger, die einen anderen Teilnehmer abklopfen sollen. Dieser wird dann zum Jäger. Die Jäger sind mit einem Tuch gekennzeichnet. Wenn sich aber zwei Gejagte einander umarmen bzw. sich unter dem Arm einhaken, sind sie für fünf Sekunden tabu, der Jäger darf auch nicht vor ihnen stehen bleiben. Es darf nicht zweimal die gleiche Person hintereinander umarmt werden. |
| Variationen: | – |
| Erfahrungen: | Kann sehr gut Berührungsängste abbauen und auch als Gesprächsanlass zum Thema »Wie gehen wir miteinander um?« genutzt werden. |

# Wäscheklammern

Ziel: Warm up; Bewegung

Teilnehmer: 6–20

Alter: ab 10 Jahre

Material: pro Teilnehmer fünf Wäscheklammern

Beschreibung: Jeder Teilnehmer klemmt sich fünf Wäscheklammern an die Kleidung der Oberkörpervorderseite. Nach dem Start versucht jeder, die eigenen Wäscheklammern bei jemand anderem an die Kleidung am Oberkörper zu klemmen. Man darf aber immer nur eine Wäscheklammer in der Hand haben. Wer keine Wäscheklammer am Körper hat, kann je nach Variation an den Spielfeldrand gehen, oder muss bis zum Spielende versuchen, auch weiterhin klammerfrei zu bleiben.

Variationen: mehr Klammern

Erfahrungen: Die Teilnehmenden darauf hinweisen, dass bei Mädchen und Frauen nur auf Höhe des Schlüsselbeins und des Bauches das Anbringen von Wäscheklammern erlaubt ist, nicht im Brustbereich.

# Krokodilmäuler

| | |
|---|---|
| Ziel: | Warming up |
| Teilnehmer: | 8–20 |
| Alter: | ab 10 Jahre |
| Material: | – |
| Beschreibung: | Die Teilnehmer stehen im Kreis, die linke Handfläche offen nach oben, der Zeigefinger der rechten Hand berührt von oben die linke Handfläche des rechten Mitspielers. Auf drei soll mit der offenen Hand der Finger des linken Partners gefangen und gleichzeitig der eigene Finger in Sicherheit gebracht werden. |
| Variationen: | Man kann die Gruppe nach ein paar Durchgängen die Seiten wechseln lassen. |

# Lügengeschichte in der Mitte

Ziel: Warming up, Kennenlernen

Teilnehmer: 10–20

Alter: ab 16 Jahre

Material: –

Beschreibung: Die Teilnehmer sitzen im Kreis. In der Mitte steht ein Teilnehmer oder der Trainer und erzählt eine kurze Geschichte über sich. Diese Geschichte kann wahr oder falsch sein. Die Teilnehmer zeigen mit dem Daumen nach oben oder unten an, ob sie glauben, dass es die Wahrheit oder eine Lüge ist. Der Erzähler zeigt dann ebenfalls mit dem Daumen an, ob die Geschichte stimmt oder nicht. Alle Teilnehmer aus dem Stuhlkreis, die falsch getippt hatten, müssen nun ganz schnell den Platz tauschen – der Erzähler versucht dabei ebenfalls einen freien Stuhl zu ergattern. Wer am Schluss keinen freien Stuhl hat, bleibt in der Mitte und erzählt die nächste wahre oder falsche Geschichte.

# Rauslassen

| | |
|---|---|
| Ziel: | Warming up; Abbauen von Berührungsängsten |
| Teilnehmer: | 8–10 |
| Alter: | ab 14 Jahre |
| Material: | – |
| Beschreibung: | Die Teilnehmer bilden einen Kreis und legen die Arme über die Schultern ihrer Nachbarn. Eine Person steht in dem Kreis. Ihre Aufgabe ist es, den Kreis zu verlassen; die Aufgabe der Gruppe ist es, dies zu verhindern. |
| Variationen: | (1) Eine Person versucht von außen in den Kreis einzudringen.<br>(2) Eine Person versucht einzudringen, während eine andere versucht, auszubrechen. |
| Erfahrungen: | Dieses Spiel eignet sich durch den direkten körperlichen Kontakt gut, um Berührungsängste abzubauen. Es ist auch wegen der einfachen Regeln als Anfangsspiel geeignet. |

# Eingehängt

Ziel: Warming up; Abbau von Berührungsängsten

Teilnehmer: 6–10

Alter: ab 14 Jahre

Material: –

Beschreibung: Die Gruppe teilt sich in Paare auf. Die Partner setzen sich Rücken an Rücken auf den Boden (das Gesäß muss den Boden berühren) und versuchen, wieder aufzustehen. Nachdem alle Paare diese Übung geschafft haben, bilden sich Vierergruppen und versuchen, gemeinsam aufzustehen. Zum Schluss versucht es die ganze Gruppe zusammen. Die Gesäße sollten zum gleichen Zeitpunkt den Boden verlassen.

Variationen: Die Paare setzen sich gegenüber auf den Boden, wobei sich ihre Füße berühren und die Knie gebeugt sind. Dann fassen sie sich an den Händen. Nun bittet der Spielleiter die Partner, sich gegenseitig hochzuziehen. Der weitere Verlauf geschieht wie in der obigen Spielbeschreibung.

Erfahrungen: Der Spielleiter sollte bei der ursprünglichen Spielbeschreibung den Teilnehmern nicht erlauben, ihre Arme gegenseitig einzuhängen, wie es bei den Turnübungen im Sport der Fall ist. Dies könnte Verletzungen (ausgekugelte Schulter) zur Folge haben.

Dieses Spiel, das mit einer Partnerübung startet, wird im weiteren Verlauf zu einer herausfordernden Gruppenübung. Je größer die Gruppe ist, desto schwieriger wird es, gemeinsam aufzustehen. Der Spielleiter sollte daher mit dem Ergebnis nicht allzu kritisch sein, sondern das Bemühen um eine richtige Ausführung respektieren.

# Spirale

| | |
|---|---|
| Ziel: | Warming up; Abbau von Berührungsängsten |
| Teilnehmer: | mindestens 10 |
| Alter: | ab 10 Jahre |
| Material: | – |
| Beschreibung: | Die Teilnehmer nehmen sich an den Händen und stellen sich im Kreis auf. An einer Stelle wird die Hand losgelassen und ein Teilnehmer führt die Gruppe, so dass eine Spirale anstelle eines Kreises entsteht und das letzte Gruppenmitglied in der Mitte steht.<br><br>Dann wird die Spirale wieder aufgelöst, indem der Letzte durch die Beine der anderen Teilnehmer kriecht und die ganze Gruppe anführt. |
| Variationen: | – |
| Erfahrungen: | Diese Übung ist am erfolgreichsten, wenn die Teilnehmer sie langsam spielen. Immer dann, wenn ein Teilnehmer Schwierigkeiten hat, die Hände seines Nachbarn festzuhalten, muss die Gruppe sich ein wenig nach innen bewegen. |

# Eine Orange geht auf Reisen

Ziel: Warming up; Abbau von Berührungsängsten; Teamarbeit

Teilnehmer: 6–14

Alter: ab 15 Jahre

Material: eine Orange (Ei, Banane,...)

Beschreibung: Die Gruppe stellt sich im Kreis auf. Auf ein Zeichen hin klemmt sich ein Teilnehmer die Orange unter das Kinn, dreht sich zu seinem rechten Nachbarn und gibt die Orange, ohne die Hände zu benutzen, an ihn weiter. Dieser versucht dasselbe mit seinem Nachbarn. Das Spiel dauert so lange, bis die Orange wieder beim Ersten angelangt ist. Fällt sie zwischendurch zu Boden, wird bei der Person neu begonnen, die sie als letztes unter dem Kinn halten konnte.

Variationen:

(1) Die Orange wird in der Ellenbogenbeuge weitergereicht.

(2) Die Orange wird abwechselnd unter dem Kinn, dann in der Ellenbogenbeuge weitergereicht.

(3) Mehrere Orangen können die Runde gleichzeitig machen.

Erfahrungen: Wenn dieses Spiel als Warming-up-Übung verwendet wird, sollte sich der Betreuer eventuell überlegen, ob er die Reihenfolge festlegt.

# Berühmte Leute

Ziel: Warming up; Förderung der Kommunikationsfähigkeit

Teilnehmer: 10–14

Alter: ab 16 Jahre

Material: pro Teilnehmer eine Karteikarte, Tesafilm

Beschreibung: Der Betreuer schreibt in Abwesenheit der Teilnehmer auf jede Karte den Namen einer berühmten Persönlichkeit. Er kann dabei reale (z. B. Albert Einstein) oder fiktive (z. B. Superman) Personen verwenden.

Dann heftet er auf den Rücken eines jeden Teilnehmers eine Karte. Jedes Gruppenmitglied muss nun umhergehen und versuchen, mithilfe von Ja- und Nein-Antworten, herauszufinden, wer er ist. Wenn er herausgefunden hat, wen er darstellt, heftet er den Zettel an die Brust und hilft den anderen.

Variationen: Man kann diese Übung auch nonverbal spielen.

Erfahrungen: Der Gruppenbetreuer muss bei der Auswahl der Persönlichkeiten das Wissen der Gruppe berücksichtigen. Es kann vor allem für jüngere Teilnehmer sehr frustrierend sein, nicht zu erraten, welche Karte auf ihrem Rücken klebt, nur weil sie die berühmte Person nicht kennen bzw. zu wenig über sie wissen.

Ein bisschen mehr Aufwand kostet es den Betreuer, wenn er bewusst bestimmten Teilnehmern bestimmte Persönlichkeiten zuordnet und nach Beendigung des Spieles eine Diskussion über Ähnlichkeiten und Unterschiede zwischen der Berühmtheit und dem Teilnehmer anregt.

# Tic Toc

Ziel: Warming up; Förderung der Kommunikationsfähigkeit

Teilnehmer: 8–12

Alter: ab 14 Jahre

Material: zwei unterschiedliche, kleine Gegenstände (z. B. ein Apfel und eine Zwiebel)

Beschreibung: Die Gruppe stellt sich in einem Kreis auf. Der Spielleiter gibt den Apfel an seinen rechten Nachbarn A mit dem Satz: »Dies ist ein Tic«. A fragt den Spielleiter: »Was ist das?«, der Spielleiter antwortet: »Ein Tic!«. A gibt seinem rechten Nachba rn B den Apfel weiter und sagt: »Dies ist ein Tic«. B fragt A zurück: »Was ist das?«, A fragt den Spielleiter: »Was ist das?«, der Spielleiter antwortet A: »Ein Tic!«. A antwortet B: »Ein Tic!«. B gibt den Apfel an seinen rechten Nachbarn C mit den Worten: »Das ist ein Tic« weiter. C fragt B: »Was ist das?«, B fragt A: »Was ist das?«, A fragt den Spielleiter: Was ist das?« und der Spielleiter antwortet: »Ein Tic!«. A zu B: »Ein Tic!«, B zu C: »Ein Tic!« usw.

Nachdem der Apfel die gesamte Runde gemacht hat, meint der Spielleiter, dass zwar alles gut gelaufen wäre, dass es aber noch viel schneller gehen könne. So beginnt das Spiel von neuem, nur mit dem Unterschied, dass der Spielleiter, sobald er den Apfel (Tic) auf die Reise geschickt hat, die Zwiebel aus der Tasche zieht und mit den Worten: »Das ist ein Toc« an seinen linken Nachbarn weitergibt. Das Spiel nimmt so lange seinen gewohnten Verlauf, bis sich die beiden Gegenstände kreuzen. Ab dann entsteht meistens ein Chaos. Nur bei dem Spielleiter nicht. Dieser muss sich einfach merken, in welche Richtung er den Tic und in welche er den Toc geschickt hat und nach links »Tic« antworten und nach rechts »Toc«.

Variationen: –

Erfahrungen: Dieses Spiel löst beim ersten Mal große Verwirrung und Chaos aus und bereitet einen »Heidenspaß«. Es eignet sich daher gut als Anfangsspiel mit einer neuen Gruppe, um die Spannung ein wenig aufzulockern.

Wenn man dieses Spiel aber nach einigen Tagen nochmals spielt, entsteht ein großer Ehrgeiz bei der Gruppe, es fehlerfrei zu überstehen.

# Kommunikationschaos

Ziel: Förderung der Kommunikationsfähigkeit

Teilnehmer: gerade Anzahl: 8–14

Alter: ab 16 Jahre

Material:
- für die Hälfte der Teilnehmer verschiedene Botschaften mit ca. 50 Wörtern
- für die andere Hälfte ein Blatt Papier und ein Stift pro Person

Beschreibung: Die Gruppe teilt sich in Paare auf. Die Partner stehen sich in einem Abstand von zehn Metern in einer Allee gegenüber. Der Spielleiter verteilt an eine Seite der Teilnehmerallee die Botschaften. Aufgabe dieser Personen ist es, die Botschaft ihrem Partner so deutlich wie nur möglich hinüber zu rufen, damit dieser sie auf dem Papier festhalten kann. Sobald ein Paar diese Aufgabe erfüllt hat, geben sie den Zettel ab.

Variationen: –

Erfahrungen: Dies ist ein sehr lautes Spiel. Da jeder Teilnehmer seinem Partner eine andere Botschaft übermitteln will, versucht jeder, sich Gehör zu verschaffen. Es entsteht ein fürchterlicher Lärm und es ist schwer, den anderen zu verstehen. Genau das soll das Spiel autzeigen.

Am einfachsten ist es, wenn der Spielleiter als Botschaften Zeitungsausschnitte verwendet. Besonders deutlich wird der Sinn des Spieles, wenn unter den Botschaften die Meldung vorhanden ist: »Ist es nicht furchtbar schwer, sich zu unterhalten, wenn jeder schreit und ruft und keiner dem anderen zuhört? Wäre es nicht viel einfacher, wenn man erst eine Person ausreden lässt, ihr zuhört und dann auf das Gesagte antwortet. Kommunikation ist kein Wettbewerb!« Der Gruppenleiter sollte diese Botschaft am Ende des Spieles vorlesen lassen. Es ist auf keinen Fall entscheidend, wer das Spiel gewonnen hat und wie viele Fehler wer gemacht hat; um dies deutlich zu machen, überlässt der Gruppenbetreuer die Korrektur der übermittelten Botschaften den Teilnehmern selbst.

# Drunter und drüber

Ziel: Warming up; Förderung der Kommunikations- und Konzentrationsfähigkeit; Teamarbeit

Teilnehmer: mindestens 6

Alter: ab 10 Jahre

Material: 20 Gegenstände von unterschiedlicher Größe (Bälle, Steine, Zweige)

Beschreibung: Die Gruppe stellt sich in einer Reihe auf. Der Betreuer legt die 20 Objekte vor die Füße des ersten Teilnehmers. Auf ein Zeichen hin beginnt der Erste, die Gegenstände nach hinten weiterzugeben, indem er sie einzeln über seinen Kopf dem Hintermann in die Hand gibt. Wenn ein Teil den Letzten der Reihe erreicht hat, wird es zwischen den Beinen hindurch bis zum Ersten wieder zurückgegeben. Dieser legt es vor sich auf den Boden.

Variationen: (1) Der Kopf der Schlange gibt die Gegenstände, die bei ihm von hinten ankommen, wieder nach hinten durch (Endlosspiel).

(2) Ältere Gruppen können dieses Spiel auch blind spielen.

Erfahrungen: Diese Übung ist ein für alle Altersgruppen amüsantes Spiel, das ein hohes Maß an Konzentration und Koordination erfordert. Da das Ziel der Gruppe sein sollte, möglichst schnell die Gegenstände weiterzugeben, ist eine gute, aber knappe Kommunikation vonnöten. Somit eignet sich dieses Spiel vor allem als Vorbereitung auf Expeditionen wie beispielsweise Segeln, da es auch bei diesen Aktivitäten darauf ankommen wird, schnell und mit wenigen Anweisung zu handeln. Es ist die Aufgabe des Betreuers, darauf hinzuweisen.

# Reise über Köpfe

Ziel: Warming up; Entwicklung von Vertrauen zu anderen Gruppenmitgliedern

Teilnehmer: unbegrenzt

Alter: ab 15 Jahre

Material: –

Beschreibung: Alle Teilnehmer stellen sich in einer engen Doppelreihe mit dem Gesicht nach vorne auf. Die vorderste Person lehnt sich zurück, wird emporgehoben und über den Köpfen der Teilnehmer nach hinten durchgereicht.

Variationen: Bis auf einen Teilnehmer legen sich alle mit den Köpfen aneinander in einer Reihe auf den Boden, wobei die Beine des Ersten in die genau entgegengesetzte Richtung zeigen wie die des Zweiten, die des Dritten wiederum in die entgegengesetzte Richtung des Zweiten, usw. Das Ganze sieht am Schluss wie ein Reißverschluss aus. Die stehende Person lehnt sich zurück, sodass ihr Oberkörper auf den Händen der ersten Träger ruht. Nun kann sie nach hinten weitergereicht werden.

Erfahrungen: Die Variation eignet sich besser für jüngere Gruppen, da der Kraftaufwand hier geringer ist. Die Belastung beansprucht nur die Arme.

Die Reise über Köpfe ist ein Spiel, das am Anfang die Angst hervorruft, vielleicht fallen gelassen zu werden (vor allem bei Jugendlichen)) oder andere nicht halten zu können. Das Gewicht verteilt sich jedoch auf so viele Hände, dass es bestimmt keine Probleme geben wird. Dennoch muss sich der Spielleiter dieser Gefühle bewusst sein und sie gegebenenfalls vor der Übung besprechen.

Außerdem ist es wichtig, dass der Nacken des zu Transportierenden gestützt wird und am Ende der Reihe entweder der Leiter oder ein Gruppenmitglied steht, das ihn entgegennimmt.

# Schlangenhaut

Ziel: Warming up; Abbau von Berührungsängsten

Teilnehmer: mindestens 8

Alter: ab 10 Jahre

Material: –

Beschreibung: Die Teilnehmer stellen sich breitbeinig in einer Reihe auf und halten die rechte Hand zwischen die Beine. Mit der linken Hand ergreifen sie die rechte Hand des Vordermannes. Wenn die Gruppe sich formiert hat, legt sich der Letzte auf den Rücken zwischen die Beine des Zweitletzten (Füße in Richtung Kopf der Schlange). Die Schlange bewegt sich nun langsam rückwärts, die Gruppenmitglieder halten sich während des ganzen Spiels an den Händen. Wenn ein Teilnehmer den Kopf eines Liegenden passiert, legt er sich dahinter. Wenn alle Teilnehmer auf dem Boden liegen, ist die Schlange enthäutet.

Variationen: Man kann dieses Spiel auch in umgekehrter Reihenfolge spielen.

Erfahrungen: Diese Übung ist eine sehr sanfte Methode, um Berührungsängste abzubauen und eignet sich hervorragend auch für jüngere Gruppen.

# Blind

Ziel: Entwicklung von Vertrauen zu anderen Gruppenmitgliedern; Förderung der Kommunikationsfähigkeit

Teilnehmer: mindestens 2

Alter: ab 14 Jahre

Material: Schals, Halstücher oder sonstige Dinge zum Augenverbinden

Beschreibung: Die Gruppe wird in Paare aufgeteilt. Jeweils eine Person pro Paar verbindet sich die Augen. Der Partner nimmt diese an der Hand und führt sie durch ein Gelände mit vielen Hindernissen (Wurzeln, herabhängende Zweige, leichte Steigungen, etc.). Er muss den Blinden mit möglichst vielen Informationen versorgen, um diesen vor Verletzungen zu bewahren. Nach ca. fünf Minuten erfolgt der Wechsel.

Variationen: (1) Bei ungerader Teilnehmerzahl empfiehlt es sich, eine Dreiergruppe zu bilden, bei der zwei Personen die Augen verbunden werden. Die Möglichkeit des Bildens einer Dreiergruppe ist aber auch sonst gegeben, jedoch zweckmäßiger nach einer kurzen Einführungsphase mit Paaren.

(2) Nach ungefähr einminütigem An-der-Hand-führen wird die Hand losgelassen. Ab sofort ist jeglicher Körperkontakt der Partner miteinander verboten. So verbindet nur noch die Sprache das Paar.

(3.1) Statt Zweierpaaren kann auch die ganze Gruppe zusammen spielen. So werden allen Teilnehmern bis auf einen die Augen verbunden. Die Teilnehmer fassen sich an den Händen und bilden eine Schlange, die von dem Sehenden angeführt wird. Die Informationen werden nun von Person zu Person weitergegeben; dies muss möglichst rasch erfolgen, damit der Letzte die Nachricht nicht erst dann erhält, wenn er bereits über das Hindernis gestolpert ist. Ein Wechsel der leitenden Person kann nach ca. drei Minuten erfolgen.

(3.2) Diese Schlange kann nach kurzer Übungsphase (zwei Minuten) ebenfalls über Handkontakt geführt werden. Bei einer Gruppe von mehr als zehn Personen empfiehlt es sich jedoch, mehrere Großgruppen zu bilden.

Erfahrungen: Dieses Spiel löst bei den Teilnehmern mit verbundenen Augen anfangs das Gefühl der Hilflosigkeit und des Ausgeliefertseins aus. Im weiteren Verlauf des Spieles nimmt dieses Gefühl jedoch ab und es macht Spaß, der sehenden Person Vertrauen zu zeigen. Voraussetzung dafür ist aber, den Teilnehmern ihre Verantwortung bewusst zu machen: Sowohl die Verantwortung des Sehenden, den »Blinden« vor Schaden zu bewahren, als auch die Verantwortung des Nichtsehenden, dem Führenden zu vertrauen. Denn durch Vertrauen wächst auch Verantwortungsgefühl.

In einer Gruppe ist es wichtig, dass eine »geregelte« Kommunikation stattfindet. Die Fähigkeit dazu kann in diesem Spiel gefördert werden, da es im Interesse der Teilnehmer liegt, gehört und verstanden zu werden bzw. zuzuhören.

# Blinde Schaukel

Ziel: Kommunikation; Vertrauen

Teilnehmer: mindestens 2

Alter: ab 16 Jahre

Material: eine Augenbinde pro Paar

Beschreibung: Diese Übung kann direkt an das Spiel »Blind« angeschlossen werden. Der Partner mit den verbundenen Augen wird zu einer Kinderschaukel geführt. Seine Aufgabe ist es, so hoch zu schaukeln, wie es ihm angenehm ist und dann aus der Schaukel geradeaus nach vorne zu springen. Vorher versichert er sich natürlich bei seinem Partner, dass dieser darauf vorbereitet ist, ihm Hilfestellung beim Landen zu geben. Oder der Partner gibt ihm eine Rückmeldung über die momentane Schaukelhöhe und ob es ihm seiner Einschätzung nach möglich sein wird, dem Blinden bei dieser Schaukelhöhe Hilfestellung beim Landen zu geben. Sicherheitshalber steht auch der Gruppenleiter bereit, um Stürze zu verhindern.

Variationen: –

# Divergierendes Stahlseil

Ziel: Entwicklung von Vertrauen zu anderen Gruppenmitgliedern

Teilnehmer: 2

Alter: ab 18 Jahre

Material:

- ein ca. 25 m langes Stahlseil
- drei ca. 2 m lange Pfähle (Durchmesser 30 cm)
- zwei Spannungsvorrichtungen
- vier Stahlklemmen

Falls Bäume anstatt der Pfähle verwendet werden, benötigt man kurze Brettchen, um den Baum zu schützen.

Beschreibung: Um diese Übung aufzubauen, benötigt man drei im Boden einzementierte Pfähle mit einer Mindesthöhe von 80 Zentimeter oberhalb der Erdoberfläche, die ein Dreieck bilden (10 m x 10 m x 4 m). Das Stahlseil wird zweimal um den Pfahl A gewickelt. Die Spannungsvorrichtung wird mit zwei Klemmen daran befestigt. Nun wird das Stahlseil um Pfahl B gewickelt, kurz vor Pfahl C wird wiederum die Spannungsvorrichtung angebracht, das Seil wird um Pfahl C gewickelt und mit der Klemme der Spannungsvorrichtung fixiert.

Wenn man anstatt der Pfähle Bäume verwendet, werden die kurzen Brettchen zwischen Baum und Stahlseil gelegt, um den Baum vor Einschnitten zu schützen.

Die Aufgabe des Teilnehmerpaares ist es, von Pfahl B zu den Pfählen A und C zu gelangen, ohne den Boden zu berühren, wobei sie sich gegenseitig unterstützen können.

Damit es spannend bleibt, kann man die Stelle, bis zu der sie es das erste Mal geschafft haben, markieren und mit den weiteren Versuchen vergleichen.

Variationen: auch als Dreieck möglich

Erfahrungen: Die Aufgabe dieser Übung verlangt von den Teilnehmern Einsatz und Vertrauen in den anderen, da sie unmöglich alleine zu schaffen ist. Sie ist so aufgebaut, dass die Teilnehmer voneinander abhängig sind. Beide müssen einen gemeinsamen Schwerpunkt finden und auf den anderen vertrauen.

Wenn das Paar sich für die erfolgsträchtigste Lösung entscheidet, jeder auf einem Stahlseil mit gestreckten Armen und Körpern (Podex rein!) sich gegenseitig abzustützen, müssen so genannte »Spotter« eingesetzt werden. Das sind andere Gruppenmitglieder, die mit leicht gebeugten Knien und ausgestreckten Händen sich um die Akteure herum postieren, um beim Abrutschen vom Seil die Fallenden auszufangen.

Bei dieser Übung ist bei Verwendung von Bäumen besonders auf deren Schutz zu achten. Die Brettchen sind unbedingt notwendig, um die Bäume vor Einschnitten zu bewahren.

Es ist wichtig, dass man keine normalen Seile verwendet; sie würden zu sehr nachgeben. Mithilfe der Spannungsvorrichtung kann man das Stahlseil jederzeit nachspannen oder lockern. Bevor man diese Übung jedoch mit einer Gruppe ausprobiert, sollte man den Aufbau vorher bereits mindestens einmal getätigt und getestet haben.

# Zwei + Zwei = Eins

Ziel: Aufbau von Vertrauen

Teilnehmer: gerade Anzahl, mindestens 2

Alter: ab 15 Jahre

Material: –

Beschreibung: Der Gruppenleiter bittet die Gruppe, sich auf einer Fläche zu verteilen. Jede Person soll überprüfen, wie weit sie sich nach vorne lehnen kann, ohne umzufallen. Dann sollen sich Paare bilden, deren Partner sich einander gegenüber aufstellen und gleichzeitig gerade nach vorne fallen lassen, wobei sie sich gegenseitig mit den Armen abstützen. Sie versuchen so lange, den Abstand zwischen sich zu vergrößern, bis es sich ein Partner nicht mehr zutraut sich fallen zu lassen und sagt: »Jetzt ist es genug!«. Diese eindeutige Ansage machen zu dürfen, ist ein Lernziel der Übung.

Variationen: –

Erfahrungen: Diese Übung ähnelt dem Spiel »Divergierendes Stahlseil«. Der Vorteil des 2 + 2 = 1 ist, dass man sich im Falle von mobilen Kursen Arbeit ersparen kann, da keine Materialien notwendig sind.

Besondere Aufmerksamkeit ist der Beschaffenheit des Bodens zu widmen (nicht zu rutschig!).

Der Gruppenbetreuer sollte es auf keinen Fall versäumen, die Beobachtungen der Teilnehmer, dazu zu benutzen, Vergleiche zwischen dem Alltagsleben und dieser Übung ziehen zu lassen.

# Sitzender Kreis

Ziel: Warming up; Aufbau von Vertrauen

Teilnehmer: mindestens 14

Alter: ab 12 Jahre

Material: –

Beschreibung: Die Gruppe stellt sich in einem Kreis auf, wobei jeweils die rechten Schultern der einzelnen Teilnehmer in den Mittelpunkt des Kreises zeigen müssen. Der Kreis muss so eng sein, dass jeder seinen Vorder- und Hintermann berührt. Die Teilnehmer halten nun die Hüfte der vor ihnen stehenden Person. Jeder geht in die Knie, bis er fühlt, dass er auf den Knien des Hintermannes sitzt.

Variationen: Wenn die Sitzposition erreicht ist:

(1) Alle lehnen sich leicht nach innen und heben das linke Bein.

(2) Die Gruppe versucht, sitzend vorwärts zu gehen (sehr schwierig).

Erfahrungen: Diese Übung kann nur erfolgreich durchgeführt werden, wenn die Form eines Kreises das ganze Spiel hindurch beibehalten wird. Wenn die gesamte Gruppe sich leicht nach innen lehnt, wird es leichter sein, das Gleichgewicht zu halten.

# Entspannungsschaukel

(gute Übung zu Vertrauensfall)

Ziel: Entwicklung von Vertrauen zu anderen Gruppenmitgliedern; Entspannung

Teilnehmer: optimal 11, bis zu 13 möglich

Alter: ab 15 Jahre

Material: –

Beschreibung: Zwei Reihen von »Schauklern« zu je fünf Personen stehen sich Schulter an Schulter in ca. 70 cm Abstand gegenüber. Man umfasst die Handgelenke des Gegenüberstehenden. Die »Schaukler« gehen in die Knie, damit der erste Freiwillige sich auf den Rücken in ihre Arme legen kann. Der Freiwillige schließt die Augen. Nun stehen die »Schaukler« langsam, möglichst gleichzeitig, auf und beginnen die Armschaukel in Bewegung zu setzen. Geschaukelt wird von vorne nach hinten. Die Schaukelbewegungen sollten sanft und nicht abrupt sein. Bei der Übung selbst wird nicht gesprochen.

Variationen: Diese Übung kann auch als Nachübung zum Vertrauensfall benützt werden. Sie bildet einen hervorragenden Kontrast zu der vorher entstandenen Anspannung.

Erfahrungen: Auch bei diesem Spiel ist es wichtig, dass den Teilnehmern der Ernst ihrer Rolle bewusst gemacht wird. Sobald das Spiel in wildes Schaukeln übergeht, verliert es seinen Sinn. Wenn die Gruppe der Beschreibung nach mitarbeitet, kann dieses Spiel äußerst angenehm und beruhigend wirken.

# Pendel

| | |
|---|---|
| Ziel: | Entwicklung von Vertrauen zu anderen Gruppenmitgliedern; Entspannung |
| Teilnehmer: | 8–10 |
| Alter: | ab 15 Jahre |
| Material: | – |
| Beschreibung: | Alle Teilnehmer, bis auf einen, stellen sich in einem engen Kreis – Schulter an Schulter – auf. Die übriggebliebene Person stellt sich in die Mitte des Kreises (Durchmesser des Kreises möglichst klein und nicht mehr als zwei Meter). Sie schließt die Augen oder ihr werden die Augen verbunden. Nun lässt sie sich steif wie ein Brett in eine Richtung fallen. Die Teilnehmer, die in dieser Richtung stehen, fangen den Fall leicht ab und schubsen die Person sanft (!) in eine andere Richtung. Nach einer gewissen Zeit (etwa drei Minuten) wechselt ein anderer Teilnehmer mit der Person in der Mitte. |
| Variationen: | – |
| Erfahrungen: | Dies ist ein weiteres Spiel, das das Gefühl von Zusammenhalt, von Halten und Gehaltenwerden vermittelt und Vertrauen verlangt.<br>Es besteht aber die Gefahr, dass die Feinfühligkeit der »Halter« nachlässt, wenn dieses Spiel zu lange gespielt wird. Sobald die Übung in grobe Schubserei ausartet und die nötige Atmosphäre verlorengeht, muss es abgebrochen werden. |

# Vertrauensfall

Ziel: Entwicklung von Vertrauen zu anderen Gruppenmitgliedern; Selbstüberwindung

Teilnehmer: 11–16

Alter: ab 15 Jahre

Material: ein ca. 1,60 m langer, in den Boden gerammter Baumstamm; möglich ist aber auch eine auf 1,60 m angebrachte Plattform oder eine Leiter

Beschreibung: Die Teilnehmer stehen sich Schulter an Schulter vor dem Baumstamm in einer Zweierreihe gegenüber. Sie strecken die Arme auf Schulterhöhe, die Handflächen nach oben zeigend, nach vorne aus. Die Anordnung der Arme geschieht nach dem Reißverschlussprinzip. So streckt der erste (A) seine Arme nach vorne aus, der ihm Gegenüberstehende (B) legt seinen rechten Arm (nicht nur die Hand!) zwischen die ihm entgegengestreckten Arme, seinen linken neben den rechten des A. Die Anordnung sieht also folgendermaßen aus:

A(li), B(re), A(re), B(li), A(li), B(re), A(re), usw.

Nicht an den Händen fassen!

Ich weise hier so mit Nachdruck auf die Anordnung der Arme hin, da diese die für Fänger und Fallenden sicherste Methode ist.

Ein Freiwilliger besteigt den Baumstamm, hinter dem die zwei Reihen der Fänger stehen. Er wendet der Fängerallee den Rücken zu. Wenn er zum Fallen bereit ist, versichert er sich bei den Fängern, dass diese ebenfalls fertig sind. Dann lässt er sich rückwärts in die Arme der Fänger fallen. Wichtig ist dabei, dass der Fallende seine Hände und Arme eng beim Körper hat, sie zum Beispiel auf der Brust kreuzt, um die Gesichter der Fänger nicht gefährden. Aus dem gleichen Grund ist es auch sinnvoll, wenn der Fallende keine Schuhe trägt. Es empfiehlt sich weiter, dass alle Teilnehmer ihre Uhren oder sonstigen Armschmuck beiseite legen.

Der Fallende muss mit gestrecktem Körper fallen, damit sich sein Gewicht nicht auf wenige Fänger konzentriert, sondern auf möglichst viele. Oft, sogar nach kurz vorher gegebener Anweisung, trifft aber doch das

Gesäß als erstes auf. Deshalb ist es zweckmäßig, an dieser Stelle die kräftigsten Fänger der Gruppe zu platzieren (in der Regel ist dies – je nach Größe – die zweite oder dritte Position).

Variationen: (1) Bei einer größeren Gruppe (20–40 Teilnehmer) ist es klar, dass nur wenige am eigentlichen Auffangen des Fallenden beteiligt sind. Eine Möglichkeit ist, dass nach jedem Fall die Positionen der Fänger getauscht werden. Um aber die gesamte Gruppe auf einmal zu beschäftigen, kann die fallende Person gebeten werden, auch nach dem Fall steif zu bleiben, sodass sie bis ans Ende der Fängerallee durchgereicht werden kann.

(2) Je nach Alter der Gruppe kann die Höhe des Baumstammes verändert werden.

Erfahrungen: Der Vertrauensfall ist sowohl für Fallende als auch für Fänger ein aufregendes Spiel, das ein hohes Maß an Vertrauen fordert. Es kostet große Überwindung, sich fallen zu lassen, mehr jedoch, sich auf die anderen zu verlassen. Sobald dieses Vertrauen erschüttert wird (wenn die Fänger eine Person durchfallen lassen), hat das Spiel seinen Sinn verloren und ist deshalb besser abzubrechen. Daher ist es also umso wichtiger, den Teilnehmern ihre verantwortungsvolle Rolle bewusst zu machen, um einem solchen Vorfall von Anfang an vorzubeugen. Eine hohe Kompetenz und Ernsthaftigkeit des Leiters ist hierbei notwendig.

Bei manchen Gruppen ist es sinnvoll, wie beim Klettern eine bestimmte Abfolge von Kommandos zu vereinbaren, die einen konzentrierten und sicheren Verlauf der Übung gewährleisten. Beispiel: Freiwilliger fragt die Gruppe bevor er sich fallen lässt: »Gruppe bereit?«; die Gruppe antwortet: »Gruppe bereit!«, Freiwilliger sagt: »Dann lasse ich mich jetzt fallen«; Gruppe antwortet: »Lass Dich fallen!«

Es wird sicher in jeder Gruppe jemanden geben, der aus Angst an diesem Spiel nicht teilnehmen will. In diesem Fall könnte es hilfreich sein, diesem nicht sofort nachzugeben, sondern den Zögernden zu überreden, zumindest den »Vertrauenspfahl« zu besteigen, um sich die Sache wenigstens einmal anzuschauen. Wenn dann die Entscheidung gegen den Fall fällt, wird auch diese Entscheidung von den Teilnehmern honoriert und applaudiert.

# Menschliche Leiter

Ziel: Entwicklung von Vertrauen zu anderen Gruppenmitgliedern; Zusammenarbeit

Teilnehmer: 11–17

Alter: ab 16 Jahre

Material: je nach Teilnehmerzahl bis zu 8 Hartholzstangen (1 m lang, Mindestdurchmesser: 3 cm)

Beschreibung: Die Teilnehmer teilen sich in Paare auf. Jede Zweiergruppe hält je eine Stange. Die Paare stellen sich nah nebeneinander auf und bilden somit eine Leiter, deren Sprossen in unterschiedlichen Höhen gehalten werden. Ein Gruppenmitglied beginnt bei der ersten Sprosse und klettert über die anderen hinweg bis zum Ende.

Variationen: Wenn der Teilnehmer eine Sprosse überwunden hat, kann sich das Paar ans Ende stellen. So wird diese Leiter unendlich lang.

Erfahrungen: Der Spielleiter sollte darauf achten, dass die Sprossen nicht höher als auf Schulterhöhe gehalten werden.

Diese Übung erfordert bei dem Kletterer ein hohes Maß an Vertrauen, bei denen, denen dieses Vertrauen entgegengebracht wird, ein hohes Maß an Verantwortungsgefühl.

Bei einer Nachbesprechung dieser Übung empfiehlt es sich, folgende Punkte anzusprechen: Wie fühlte sich der Einzelne, als er die Sprossen entlang kletterte? Wie fühlten sich diejenigen, die die Sprossen gehalten haben? Haben sich die Gefühle geändert, nachdem die erste Person deine Sprosse überwunden hat? Welchen Stellenwert hatten Verantwortungsgefühl und Vertrauen?

# Interaktionsspiele der dritten Stufe

# Vertrauenslauf

Ziel: Aufbau von Vertrauen zu anderen Gruppenmitgliedern; Zusammenarbeit

Teilnehmer: 10–14

Alter: ab 16 Jahre

Material: ein Tuch/Schal zum Verbinden der Augen

Beschreibung: Diese Übung erfordert eine große freie Fläche (Wiese) mit ebenem Boden mit einem Mindestdurchmesser von 30 Meter. Aufgabe der Gruppe ist es, einen laufenden Teilnehmer, der von einem bestimmten Punkt aus in irgendeine Richtung startet, nach einer bestimmten bzw. selbst gewählten Distanz sanft, aber auf einen Schlag zu stoppen. Der rennende Teilnehmer hat die Augen verbunden. Seine Aufgabe besteht darin, so schnell wie möglich zu laufen.

Es geht für die Gruppe nun darum, sich eine Strategie zu überlegen, wie man den Läufer möglichst behutsam stoppen will, wer dabei welche Aufgabe übernimmt, wie das gesamte Gelände gesichert werden soll, usw. Nach der Ausführung wird die Taktik gemeinsam besprochen und eventuell eine andere ausgewählt.

Variationen:

(1) Man kann diese Übung auch als Interaktionsspiel der 2. Stufe verwenden. In diesem Fall gibt der Gruppenleiter einfach die Lösung vor: Die Gruppe verteilt sich in einem Kreis mit einem Mindestdurchmesser von 30 Meter auf der Wiese. Immer eine Gruppe von drei Gruppenmitgliedern bildet einen Puffer (zwei halten sich an den Händen, der dritte steht dahinter, um den Laufenden mit einem Griff an die Schultern zu stoppen).

In dieser Variante wird das Spiel zur reinen Vertrauensübung, ist weniger zeitaufwändig und besitzt den Vorteil, dass alle Gruppenmitglieder zu Läufern werden können.

(2) Bei Platzmangel kann man diese Übung abwandeln, indem man die Richtung des Läufers von vornherein festlegt.

Erfahrungen: Wie alle Problemlösungsspiele ist auch diese Übung eine sehr zeitaufwändige. Der Gruppenleiter sollte sich daher zu Beginn überlegen, ob er ein Vertrauensspiel (Variante 1) spielen will oder ein Initiativspiel.

Wenn er die zweite Variante wählt, sollte er sich vor Beginn der Ausführung nach der Taktik des Stoppens erkundigen, um Sicherheitsrisiken vermeiden zu können. Die sicherste Möglichkeit ist die, das zuerst von der Seite her gebremst wird. Ansonsten kann es beim frontalen Bremsen passieren, dass Köpfe aneinanderschlagen.

# Ein Fuß im Kreis

Ziel: Erlernen von Problemlösungsstrategien; Zusammenarbeit; Abbau von Berührungsängsten

Teilnehmer: höchstens 14

Alter: ab 16 Jahre

Material: ein Seil, eine Schnur etc., um den Kreis zu kennzeichnen

Beschreibung: Ein kleiner Kreis wird auf dem Boden mithilfe des Seiles ausgelegt (bei 14 Teilnehmern mit einem Durchmesser von 90 cm; bei weniger Teilnehmern entsprechend kleiner).

Die Aufgabe der Gruppe ist es, dass alle Teilnehmer mit einem Fuß im Kreis stehen. Grundsätzlich darf jeder aber nur auf einem Fuß stehen.

Variationen: –

Erfahrungen: Dies ist ein leichtes Spiel, um Zusammenarbeit zu üben. Es gilt andere zu halten, aber auch selbst festgehalten zu werden. Keiner darf losgelassen werden, sonst »scheitert« die ganze Gruppe.

# Haufen

Ziel: Erlernen von Problemlösungsstrategien; Zusammenarbeit; Abbau von Berührungsängsten

Teilnehmer: 12–15

Alter: ab 14 Jahre

Material: ein ca. 70 cm langer, in den Boden gerammter Baumstumpf mit einem Durchmesser von ungefähr 70 cm oder ein Podest/Plattform mit den Maßen 70 cm x 60 cm

Beschreibung: Aufgabe ist es, möglichst viele Teilnehmer auf einmal für mindestens zehn Sekunden auf dem Baumstumpf zu halten.

Variationen: Je nach Gruppengröße bzw. Alter der Gruppe kann ein Baumstumpf mit kleinerer oder größerer Oberfläche gewählt werden.

Erfahrungen: Auch bei diesem Spiel geht es wieder darum, zu halten und gehalten zu werden. Es ist eine relativ einfache Übung, um zu lernen, wie man Probleme am geschicktesten angeht, da der Spielablauf nicht sehr komplex ist. Sie eignet sich daher gut als Übung, die zu Beginn einer neu zusammengetretenen Gruppe gespielt werden kann, zumal sie durch den notwendig engen Körperkontakt auch Berührungsängste abzubauen hilft.

Dieses Spiel lässt sich bei jüngeren Gruppen gut als Rettungsinsel, die von Haien umschwommen wird, verkaufen.

Der Spielleiter sollte es keinesfalls zulassen, dass sich Personen horizontal übereinanderlegen. Dadurch entsteht ein zu großer Druck auf den unten liegenden Teilnehmern, für die dieses Spiel äußerst schmerzhaft werden würde. Aus sicherheitsrelevanten Aspekten sollte auch niemand über der Schulterhöhe getragen werden.

# Zusammengeschnürt

Ziel: Erlernen von Problemlösungsstrategien; Zusammenarbeit; Abbau von Berührungsängsten

Teilnehmer: 10–14

Alter: ab 18 Jahre

Material: ein Seil

Beschreibung: Die Teilnehmer stellen sich eng zusammen. Der Gruppenleiter bindet um sie herum möglichst eng ein Seil. Aufgabe der Gruppe ist es, so schnell wie möglich von einem Ort A zu einem Ort B zu gelangen.

Variationen: (1) Der Spielleiter kann allen bis auf einen die Augen verbinden.

(2) Der Gruppenbetreuer kann nur die Füße miteinander verknoten.

Erfahrungen: Auch dieses Spiel erfordert ein gewisses Maß an Vorüberlegung, Taktik und gegenseitiger Abstimmung, um anderen Leuten nicht auf die Füße zu treten oder hinzufallen. Es empfiehlt sich, diese Übung mit Gruppen zu spielen, die noch Hemmungen vor gegenseitigem Körperkontakt haben.

# Menschlicher Knoten

Ziel: Erlernen von Problemlösungsstrategien; Zusammenarbeit; Abbau von Berührungsängsten

Teilnehmer: 10–14

Alter: ab 14 Jahre

Material: –

Beschreibung: Die Teilnehmer bilden einen großen Kreis, alle strecken ihre Hände nach vorne aus. Auf Kommando ergreift jede Hand eine fremde. Man muss nur darauf achten, dass niemand beide Hände einer Person hält. Es ist ein Knoten entstanden, der entknotet werden soll, ohne dass die Hände losgelassen werden dürfen. Manchmal entstehen ineinander verschlungene Kreise, die natürlich unentknotbar sind.

Variationen: Bei kleineren Gruppen kann man diese Übung zur Erschwerung auch mit verbundenen Augen spielen.

Erfahrungen: Es wird Teilnehmer geben, die sofort aktiv werden und versuchen, den Knoten durch spontanes Ausprobieren zu lösen. Andere wollen sich die Sache erst einmal genauer ansehen, um dann mit logischer Überlegung die Sache anzugehen.

Beide Parteien müssen einen Kompromiss zwischen spontaner Aktion und Planung schließen, damit diese Aufgabe gelöst werden kann. Um diese Zusammenarbeit zu fördern, kann der Spielleiter der Gruppe eine gewisse Planungszeit (ca. zwei Minuten) vor der aktiven Ausführung einräumen. Dieser Zeitraum sollte jedoch dann wirklich nur für die Planung verwendet werden.

# Luftballons sortieren

Ziel: Bewegung; Zusammenarbeit

Teilnehmer: 8–200

Alter: ab 6 Jahre

Material: Jede Menge Luftballons in vier verschiedenen Farben

Beschreibung: Jeder Teilnehmer bekommt ein bis drei Ballons, bläst diese auf und verknotet die Öffnung. Man beginnt mit einer Luftballonjonglage, d. h. kein Ballon darf den Boden berühren und auch nicht gefangen oder festgehalten werden.

Als nächstes nennt der Trainer für vier Ecken des Raumes die vier entsprechenden verschiedenen Farben der Ballons. Aufgabe der Gruppe ist es, möglichst schnell die Luftballons in der richtigen Farbe in die richtige Ecke zu befördern, ohne dass ein Ballon den Boden berühren darf.

Variationen:

(1) Während der Aktion werden die Farben der Ecken gewechselt

(2) Nach der Aktion dürfen die Luftballons kaputt gemacht werden, ohne dass Hände oder Füße in Einsatz kommen. Draufsetzen ist erlaubt – was für ein Höllenspektakel im Seminarraum oder Konferenzsaal!

Erfahrungen: Diese Übung ist auch gut geeignet als Großgruppenaktion mit mehr als hundert Teilnehmern. Im Freien gestaltet sie sich jedoch evtl. als schwierig, sobald Wind vorhanden ist.

# Luftballon-Airbag

Ziel: Abbau von Berührungsängsten; Zusammenarbeit; Vergnügen

Teilnehmer: 5–14

Alter: ab 12 Jahre

Material: pro Teilnehmer ein Luftballon

Beschreibung: Die Teilnehmer stellen sich in einer Schlange hintereinander auf. Zwischen die Teilnehmer wird jeweils ein aufgeblasener Luftballon geklemmt. Dieser Luftballon darf nicht mit den Händen berührt werden und muss über der Kleidung bleiben. Am besten halten sich die Teilnehmer mit den Händen an den Ohren fest. Die Luftballon-Airbag-Schlange muss jetzt eine Strecke von A nach B zurücklegen, ohne dass die Ballons herunterfallen.

Variationen:

(1) Die Strecke kann aus einem kleinem Hindernisparcours aus Seilen, über die oder unter denen durchgeklettert werden muss bestehen.

(2) Am Ende sollen alle Ballons zwischen den Teilnehmer kaputt gemacht werden, ohne Hände oder Füße zu benutzen – also durch Zusammendrücken zwischen den Teilnehmern.

Erfahrungen: Riesenspaß!

# Schwingseil

Ziel: Zusammenarbeit; Bewegung; Förderung der Diskussionsfähigkeit

Teilnehmer: 6–14

Alter: ab 12 Jahre

Material: ein Seil, ca. 6 m

Beschreibung: Das Seil wird von zwei Teilnehmern gleichmäßig wie beim Seilspringen geschwungen. Aufgabe der Gruppe ist es, von der einen Seite auf die andere Seite durch das schwingende Seil zu laufen. Dabei muss pro Rotation genau eine Person durchlaufen. Keine Rotation darf leer durchschwingen.

Variationen: Sportliche Gruppen können im Seil noch einen Zwischensprung machen

Erfahrungen: Diese Übung erfordert bei manchen Teilnehmern wirklich Überwindung. Es muss darauf geachtet werden, dass das Seil nicht ins Gesicht schwingt.

# Seilknubbel

Ziel: Zusammenarbeit; Förderung der Diskussionsfähigkeit; Beweglichkeit

Teilnehmer: 5–10

Alter: ab 10 Jahre

Material: ein Seil, ca. 15 m (bei Gruppen > 10 Teilnehmer länger)

Beschreibung: In das Seil wird jeweils ein Knoten pro Teilnehmer im Abstand von ca. einem Meter eingeknotet. Die Teilnehmer sollen nun das Seil so in die Hand nehmen, dass sich immer ein Knoten zwischen zwei Teilnehmern befindet.

Aufgabe der Gruppe ist es, alle Knoten zu lösen, ohne das Seil dabei loszulassen oder mit der Hand über einen Knoten zu rutschen.

Variation: Ein in sich leicht verknotetes Seil wird an einem Ende an einem Baum fixiert. Alle Teilnehmer nehmen das Seil in die Hand. Als Aufgabe muss das Seil entknotet werden, ohne dass die Teilnehmer das Seil loslassen.

Erfahrungen: Diese Übung klingt wesentlich leichter als sie ist.

# Wippe

Ziel: Erlernen von Problemlösungsstrategien; Zusammenarbeit; Abbau von Berührungsängsten

Teilnehmer: Die Anzahl richtet sich nach der Länge der Wippe (pro Person kann ungefähr ein Meter eingeplant werden); interessant wird das Spiel aber meistens zwischen 10–15 Teilnehmern.

Alter: ab 12 Jahre

Material: am besten eignet sich eine selbst gebaute Wippe: ein ca. 8 m langes, 30 cm breites und 15 cm dickes Brett mit einigen Nägeln auf einen Baumstumpf mit einem Durchmesser von ca. 30 cm in der Mitte befestigen

Beschreibung: Alle Teilnehmer besteigen die Wippe und versuchen diese ins Gleichgewicht zu bringen. Die Gruppe sollte diesen Zustand möglichst eine Minute halten.

Variationen:

(1) Die Teilnehmer versuchen sich alphabethisch nach ihren Vornamen zu ordnen, ohne von der Wippe herunterzufallen. Dies ist ein gutes Spiel, um die Namen der einzelnen Teilnhemer kennenzulernen.

(2) Die Teilnehmer versuchen, sich der Größe nach zu ordnen, ohne von der Wippe herunterzufallen, etc.

(3) Die Teilnehmer versuchen die Varianten (1) und (2) so auszuführen, dass die Wippe nicht wippt, wobei jedoch immer gleich viel Personen auf jeder Seite stehen müssen.

Erfahrungen: Die Wippe ist im Vergleich zu vorher beschriebenen Spielen eine etwas schwierigere Aufgabe. Vor allem bei den Variationen ist der Plan komplexer und die Spieldauer länger.

Es muss abgesprochen werden, wer wann auf welche Position wechselt. Die Teilnehmer werden bald feststellen, dass die Aufgabe als Gruppe nicht gelöst werden kann, wenn jeder auf eigene Faust versucht, seine Position zu erreichen.

Dieses Spiel (besonders die Variation 1 und 2) eignet sich aber auch hervorragend, um Berührungsängste innerhalb der Guppe abzubauen. Die Wippe muss daher so schmal gewählt werden, dass die Teilnehmer auf ein Festhalten bzw. Halten anderer angewiesen sind, um die Aufgabe zu bewältigen.

# Menschliche Pyramide

Ziel: Erlernen von Problemlösungsstrategien; Zusammenarbeit; Vertrauen

Teilnehmer: 10 oder 15

Alter: ab 16 Jahre

Material: –

Beschreibung: Der Gruppenbetreuer stellt den Teilnehmern die Aufgabe, so schnell und effizient wie möglich eine symmetrische (4-3-2-1) Pyramide zu bilden. Die Übung sollte auf einer Matte oder draußen auf weichem Boden (Sand, Gras) durchgeführt werden.

Variationen: Wenn die Aufgabe erfolgreich und ohne Zusammenbruch der Pyramide gelöst wurde, kann die Gruppe versuchen, sich in dieser Formation fortzubewegen.

Erfahrungen: In der Präsentation der Aufgabe sollte der Leiter nicht die Notwendigkeit erwähnen, dass alle Teilnehmer auf ihren Händen und Füßen die Pyramide bauen. Das Problem könnte nämlich auch binnen fünf Sekunden gelöst werden, indem sich die erste Reihe hinlegt, die zweite Reihe dahinterkniet, die dritte Reihe hockt und der Letzte sich hinter diese Formation stellt. Auch das würde eine akzeptable Pyramide darstellen und wirkliche Initiative bedeuten! Der Betreuer kann dies gegebenenfalls bei der Besprechung des Initiativspiels ansprechen.

Falls sich die Gruppe entschließt aufeinander zu knien, darf nicht im Hohlkreuz sondern nur auf dem Becken des anderen gekniet werden.

# Essen mit zusammengebundenen Händen

Ziel: Erlernen von Problemlösungsstrategien; Zusammenarbeit

Teilnehmer: unbegrenzt

Alter: ab 14 Jahre

Material: ein Seil, Länge: pro Teilnehmer ca. 0,5 m

Beschreibung: Vor dem Essen werden alle rechten Hände der Teilnehmer an den Handgelenken in ca. 40 Zentimeter Abstand zusammengeknotet.

Variationen: (1) Abstand zwischen den Händen vergrößern oder verringern

(2) Alle Hände zusammenbinden

Erfahrungen: So simpel dieses Spiel auch klingt, es erfordert von den Teilnehmern eine Taktik, mit deren Hilfe sie sich aufeinander abstimmen, wann nun wer die Tasse zum Mund führen oder sich ein Brot schmieren will. Außerdem macht es großen Spaß, dem Nachbarn einmal den Kaffee zu verschütten. Ob man dann jedoch seinen eigenen trinken kann, wird sich zeigen.

# Essen im Baum

| | |
|---|---|
| Ziel: | Erlernen von Problemlösungsstrategien; Zusammenarbeit |
| Teilnehmer: | bis zu 12, je nach Größe des Baumes |
| Alter: | ab 14 Jahre |
| Material: | • Ein großer Baum, dessen untere Äste einen Meter über dem Boden beginnen. Die Äste müssen kräftig genug sein, um die Teilnehmer zu tragen. Sehr gut geeignet sind Kastanienbäume.<br>• Das Essen: Gut geeignet sind Brot, Butter, Aufschnitt und Getränke in Flaschen oder Tüten etc. Weniger gut eignen sich bereits zubereitete Mahlzeiten. |
| Beschreibung: | Die Teilnehmer erklettern nacheinander den Baum. Die letzte Person reicht den Essenskorb nach oben und besteigt selbst den Baum. Dann beginnt die Essensverteilung. Während der gesamten Mahlzeit darf kein Teilnehmer den Baum verlassen (auch dann nicht, wenn ein wichtiges Utensil auf den Boden fällt). |
| Variationen: | – |
| Erfahrungen: | Dieses Spiel ähnelt der vorher beschriebenen Übung sehr. Wieder wird die alltägliche Situation der Mahlzeit in ein ungewohntes Umfeld versetzt und fordert so die Teilnehmer auf, sich Gedanken zu machen, wie diese Aufgabe zur Zufriedenstellung aller gelöst werden kann.<br>Natürlich müssen auch hier wieder die sicherheitsrelevanten Aspekte berücksichtigt werden, wie zum Beispiel ab einer Höhe von drei Metern Sicherungen anzubringen (eventuell mit Gurten und Bandschlingen). |

# Bench Mark

(dt. Höhenmarkierung)

Ziel: Erlernen von Problemlösungsstrategien; Zusammenarbeit; Förderung der Diskussionsfähigkeit

Teilnehmer: 10–14

Alter: ab 16 Jahre

Material: ein Stück Kreide oder bunter Tesafilm

Beschreibung: Für dieses Spiel braucht man einen Baum oder eine Wand in einem Gelände mit weichem Boden. Aufgabe der Gruppe ist es, an dem Baum/der Wand eine Markierung mit einer Kreide oder einem Tape so hoch wie möglich anzubringen. Der Baum kann als Hilfsmittel benutzt werden, darf jedoch nicht erklettert werden. Mehr als drei Personen dürfen nicht übereinander stehen.

Variationen: –

Erfahrungen: Auch wenn bei der Ausführung eventuell nicht alle Gruppenmitglieder beteiligt sein können, ist diese Übung dennoch ein gutes Spiel, um die Diskussionsfähigkeit und Zusammenarbeit innerhalb der Gruppe zu fördern.

Es muss wieder einmal mehr die effektivste Methode gefunden und die richtigen Leute ausgewählt werden. Ein großer Vorteil dieses Spieles ist, dass man wenig Material benötigt und es überall spielen kann.

Zeitvorgaben machen diese Übung interessant.

# Der Bär muss ins Bett

Ziel: Zusammenarbeit; Förderung der Diskussionsfähigkeit

Teilnehmer: 5

Alter: ab 10 Jahre

Material: zwei Eimer oder Getränkekisten, fünf Bandschlingen, fünf Karabiner, fünf Reepschnüre, ein Seil und ein Teddybär

Beschreibung: Man suche sich fünf Bäume, die ungefähr in einem Kreis stehen und hänge auf einer Höhe von 2 m mit einem Ankerstich die Bandschlingen und die Karabiner ein. Mit einem Seil wird am Boden ein Kreis gebildet, der von den Teilnehmern nicht betreten werden darf. Die Reepschnüre werden zusammengeknotet und am Bär befestigt. Die Enden der Reepschnüre werden durch die Karabiner gefädelt und außerhalb des Seilkreises abgelegt. Im Kreis wird ein Eimer oder eine Kiste auf dem Kopf (Bärenthron) und ein Eimer oder eine Kiste (Bärenbett) richtig herum platziert. Der Bär wird auf den Thron gesetzt.

Die Aufgabe der Teilnehmer ist es, den Bären »ins Bärenbett« zu legen ohne den Innenkreis des Seils zu berühren. Dies ist möglich, indem sie die Seile vorsichtig anziehen – der Bär schwebt nun irgendwo über dem Kreis. Durch Absprache und vorsichtiges Anziehen bzw. Loslassen kann der Bär über dem Bett zentriert und vorsichtig abgelassen werden.

Variationen:

(1) zwei Bäume als Partnerübung, der Bär darf den Boden nicht berühren

(2) Der Bär muss vorher noch aufs Töpfchen (zusätzlich kleiner Eimer).

(3) Zehn Teilnehmer, wobei die fünf Teilnehmer, die die Seile berühren dürfen, die Augen verbunden haben

# Ein Loch ist im Eimer

Ziel: Zusammenarbeit; Vergnügen

Teilnehmer: 10–14

Alter: ab 14 Jahre

Material: ein Blecheimer (100–150 Liter) mit Löchern; zwei Eimer mit je 3 Litern Fassungsvermögen; eine leicht zugängliche Wasserquelle

Beschreibung: Die Gruppe muss den löchrigen Eimer bis zum Überlaufen füllen.

Regel: Nur Körperteile dürfen zum Stopfen der Löcher verwendet werden.

Variationen: –

Erfahrungen: Die Anzahl der Löcher im Eimer richtet sich nach der Anzahl der Teilnehmer. Für 12 Teilnehmer schlägt man ungefähr 120 Löcher (Durchmesser 1–2 cm) mithilfe eine Nagels in den Eimer (10 Finger x 12 Teilnehmer). Bei kleineren Gruppen kann man einige Löcher mit Korken wieder verschließen. Wie weit entfernt man den Eimer von der Wasserquelle aufstellt, hängt vom Schwierigkeitsgrad ab, den man der Gruppe zumuten will.

Dieses Spiel ist auch hervorragend für jüngere Teilnehmer geeignet.

# Zeltbau (blind)

Ziel: Erlernen von Problemlösungsstrategien; Zusammenarbeit; Förderung der Diskussionsfähigkeit

Teilnehmer: 6–8

Alter: ab 15 Jahre

Material: ein Dreieckszelt mit Zubehör (Verpackungstasche, Zeltteil, Überzelt, Stangen, Heringe, Schnüre)

Beschreibung: Allen Teilnehmern werden die Augen verbunden. Dann gibt ihnen der Spielleiter das verpackte Zelt. Aufgabe der Gruppe ist es, das Zelt aufzustellen.

Variationen:

(1) Wie beim »Seilquadrat« (S. 126) beschrieben, kann der Spielleiter das Spiel kontrollieren, indem er die Organisationstalente bittet, nichts mehr zu sagen. Dadurch bekommen auch die etwas weniger sicheren Teilnehmer die Chance, an der Organisation mitzuwirken.

(2) Bei einer Gruppe ab 18 Jahre kann der Spielleiter Stangen und Heringe vorher aus der Verpackung entfernen. Es ist nun eine zusätzliche Herausforderung für die Teilnehmer, sich entsprechende Materialien aus der Umgebung zu suchen, wie zum Beispiel Äste, Zweige oder Steine (natürlich auch mit verbundenen Augen!).

(3) Bei größeren Gruppen, teilt man die Gruppe in Kleingruppen und stellt jeder Kleingruppe ein Zelt zur Verfügung. Besonders intensiv wird diese Übung dann unter zusätzlichem Zeitdruck (neben dem Konkurrenzdruck durch die Kleingruppen). Wenn in der Nähe ein Gartenschlauch zur Verfügung steht, kann man entweder das Szenario anbieten, dass es spätestens in zwanzig Minuten einen Platzregen geben wird oder auch schon früher, wenn das erste Zelt steht.

Erfahrungen: Diese Aufgabe erscheint den meisten Gruppen anfangs als unlösbar, da sie nicht genau wissen, wie das Zelt in seiner Endform aussehen soll (sie haben ja nur die Verpackung gesehen). Daher empfiehlt es sich auch, das herkömmliche Dreieckszelt zu verwenden. Den meisten ist die Aufbaustruktur eines solchen Zeltes bekannt. Das ist bei »Igluzelten« oft nicht der Fall. Wenn man jedoch nur dieses zur Verfügung hat, sollte man den Teilnehmern zeigen, welche Einzelteile sie zur Verfügung haben und ihnen erst dann die Augen verbinden. Generell kann gesagt werden, dass jeder Beteiligte erstaunt sein wird, wie gut das Zelt aufgebaut worden ist, wenn sich die Gruppe vorher einen Plan überlegt hat, wer für welche Aufgabe verantwortlich ist.

# Spinnennetz

| | |
|---|---|
| Ziel: | Erlernen von Problemlösungsstrategien; Zusammenarbeit; Förderung der Diskussionsfähigkeit |
| Teilnehmer: | 10–12 |
| Alter: | ab 16 Jahre |
| Material: | • zwei Bäume im Abstand von ca. 4 m<br>• ein langes Seil oder eine Nylonschnur |

Beschreibung: Zwischen den beiden Bäumen wird ein Spinnennetz mit Hilfe des Seils gespannt. Es sollte einen halben Meter über dem Boden beginnen und eine Höhe von zwei Meter haben. Je nach Teilnehmerzahl müssen zwischen 10–12 Löcher in dem Netz in verschiedenen Höhen vorhanden sein.

Aufgabe der Gruppe ist es, alle Teilnehmer durch die Löcher im Netz zu schleusen, wobei jede Berührung des Netzes untersagt ist.

Wenn das Netz berührt wurde, muss die gesamte Gruppe von vorne beginnen. Außerdem darf jedes Loch nur einmal benutzt werden. Derjenige, der einmal durch das Netz hindurch ist, darf nicht mehr auf die andere Seite zurück, um den Restlichen zu helfen. Die Hilfe kann nur auf der Seite geschehen, auf der er sich im Moment befindet.

Variationen:

(1) Wenn jemand das Netz berührt, muss nicht die ganze Gruppe nochmal beginnen; der Betreffende bekommt stattdessen eine besondere Aufgabe: sich die Augen zu verbinden, ein Lied beim Durchsteigen des Netzes zu singen, eine oder beide Hände auf den Rücken zu binden, einen Gegenstand mit durch das Netz zu nehmen, etc.

(2) Der Spielleiter kann als zusätzliches »Loch« den Weg unter dem Netz, jedoch nicht über dem Netz anbieten.

(3) Ein mit vier Pfosten horizontal gespanntes Spinnennetz: Die Teilnehmer steigen von oben ein, heben die nächsten Teilnehmer über sich zu den nächsten Öffnungen und wenn alle in ihrer Öffnung stehen, geht es nach unten zum Ziel.

Erfahrungen:

Diese Übung fördert neben dem Erlernen von Problemlösungsstrategien (Aufgabe akzeptieren, Plan fassen und ausprobieren) die Zusammenarbeit und die Diskussionsfähigkeit einer Gruppe, da sie wie die anderen von einem Individuum nicht zu lösen ist.

Der Spielleiter sollte zu Beginn betonen, dass es sich bei dieser Übung um eine Gruppenaktivität handelt. Die Aufgabe ist erst erfüllt, wenn alle Gruppenmitglieder die andere Seite des Netzes erreicht haben. Es wird wahrscheinlich einige geben, die sich sofort ein für sie leichtes Loch aussuchen. Wie die restlichen Teilnehmer hinüberkommen, ist ihnen im ersten Moment nicht so wichtig.

Ansonsten kann ich diese Übung nur empfehlen, sie weckt großen Ehrgeiz, da sie am Anfang fast unmöglich zu lösen erscheint.

Unter sicherheitsrelevanten Kriterien ist es wichtig, dass ein besonderes Augenmerk auf die Stützung des Nackens gelegt wird und bei den oberen Löchern mindestens drei Personen auf jeder Seite stehen.

Sehr schöne und praktische mobile Spinnennetze gibt es z. B. bei ZIEL-Seminarmaterialien – www.ziel-tools.de

# Giftfluss

Ziel: Erlernen von Problemlösungsstrategien; Zusammenarbeit; Förderung der Diskussionsfähigkeit

Teilnehmer: 10–14

Alter: ab 18 Jahre

Material:
- drei 100-Liter-Tonnen (Durchmesser 60 cm)
- zwei Bretter (2 m lang, 40 cm breit, 7 cm dick)

Beschreibung: Der Spielleiter steckt auf einem ebenen Boden eine Strecke von ca. sechs Meter ab. Aufgabe der Gruppe ist es, mithilfe der Tonnen und der Bretter die markierte Distanz zu überqueren. Diese Strecke soll ein verseuchter Fluss sein, der nicht berührt werden darf, weder von den Teilnehmern noch von den Brettern. Die Tonnen sind eine Ausnahme. Die Tonnen können stehend oder liegend verwendet werden.

Variationen: (1) Personen, die mit dem vergifteten Fluss in Berührung kommen, erhalten Extraaufgaben, wie beispielsweise verbundene Augen oder das Nichtbenutzen eines Beines (Armes).

(2) Gegenstände, wie zum Beispiel die Bretter, gelten als verloren, wenn sie in den »Fluss« fallen. Sie können jedoch gegen eine Extraaufgabe, die einem Gruppenmitglied auferlegt wird, eingetauscht werden.

Erfahrungen: Diese Übung ist sehr zeitaufwändig, da es kaum möglich ist, die gesamte Truppe auf einmal über den »Fluss« zu transportieren. Wiederum muss ein Taktik ausdiskutiert, beschlossen und bei Ineffizienz verändert werden.

Das Spiel fördert hervorragend die Zusammenarbeit, da die Aufgabe erst erfüllt ist, wenn alle Teilnehmer die andere Seite des Flusses erreicht haben. Die Unkonzentriertheit eines Teilnehmers trifft die ganze Gruppe. Steigt er mit einem Fuß aus Versehen in den »Fluss«, leidet die ganze Gruppe unter seiner Extraaufgabe.

# Zick Zack

Ziel: Erlernen von Problemlösungsstrategien; Abbau von Berührungsängsten

Teilnehmer: 10–14

Alter: ab 16 Jahre

Material:

- 2 Bretter mit der Länge von 2,5 m
- 1 Brett mit der Länge von 2,7 m
- 5 in den Boden gerammte Pfosten

Konstruktion:

Der Abstand AB und CD beträgt 2,5 m,
der Abstand BC und DE 2,7 m.

Die Pfosten werden im Zickzack aufgestellt.

Der Abstand AB und CD sollte kleiner sein als DE,
sodass nur das Brett BC in DE passt.

Die Pfosten sollten 30 Zentimeter aus dem Boden herausragen und mindestens einen Meter tief eingegraben sein. Am oberen Ende sind sie so eingekerbt (mit Säge oder Meißel), dass die Bretter senkrecht hineinpassen.

Beschreibung: Aufgabe der Gruppe ist es, die gesamte Gruppe von Punkt A zu Punkt E zu transportieren, ohne dass der Boden berührt wird.
Die Bretter müssen in die Kerben eingelegt werden, dürfen also nicht flach auf den Pfosten liegen. Wenn jemand den Boden berührt, wird die Gruppe entweder mit einer Zeitstrafe belegt oder muss von vorne beginnen.

Variationen: –

Erfahrungen: Diese Übung eignet sich aufgrund des Aufbauaufwandes nicht für mobile Kurse.

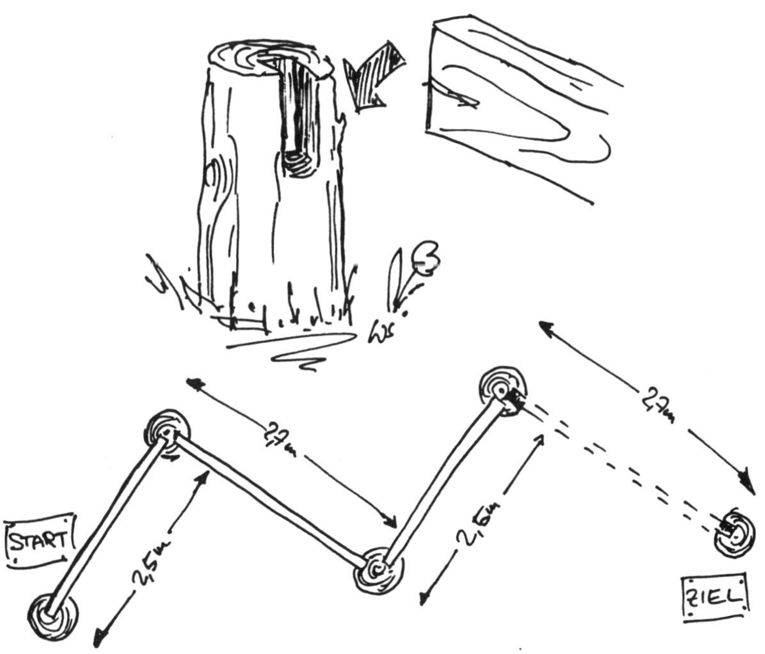

# Elektrischer Draht

Ziel: Erlernen von Problemlösungsstrategien; Zusammenarbeit; Förderung der Diskussionsfähigkeit

Teilnehmer: 10–15

Alter: ab 16 Jahre

Material:

- zwei Bäume im Abstand von ca. 5 m
- ein ca. 5 m langes Seil
- ein 2 m langes, 15 cm breites und mindestens 10 cm dickes Brett

Beschreibung: Das Seil wird zwischen die beiden Bäume in einer Höhe von 1,50 m gespannt. Der Spielleiter erklärt, dass es elektrisch geladen sei. Aufgabe der Teilnehmer ist es, die gesamte Gruppe von einer Seite des Seiles auf die andere zu bringen, wobei das Seil nicht berührt werden darf. Als Hilfsmittel steht das Brett zur Verfügung.

Die Regeln sind wie folgt:

- Wenn ein Teilnehmer den »Draht« berührt, muss er neu beginnen. Für jeden anderen Teilnehmer, der denjenigen zu diesem Zeitpunkt berührt hat, gilt das Gleiche; gleichgültig, ob er bereits auf der anderen Seite war oder nicht.
- Wenn das Brett den »Draht« berührt, müssen die, die das Brett gehalten haben, von vorn beginnen.
- Die Bäume, um die das Seil gespannt ist, stehen ebenfalls »unter Strom«.

Variationen: (1) Der »elektrische Draht« kann mithilfe eines dritten Baumes als Dreieck gespannt werden. Alle Teilnehmer müssen in die innere Fläche des Dreiecks gelangen.

(1.1) Bei dieser Variante ist es auch möglich, das Seil in unterschiedlichen Höhen zu spannen (zum Beispiel von Baum A zu B eine Höhe von 1,50 Meter, von B zu C eine Höhe von 1,40 Meter und von C zu A eine Höhe von 1,30 Meter). Der Spielleiter kann je nach Gruppenzusammenstellung bestimmen, wieviele über das 1,30 Meter hoch gespannte Seil hinüber dürfen.

(2) Anstelle eines Neubeginns bei Kontakt mit dem Draht, können den »Sündern« Aufgaben wie zum Beispiel Augenverbinden auferlegt werden.

Erfahrungen: Die Problemstellung bei dieser Übung fordert die Überlegung, wie die letzte Person die andere Seite des »Drahtes« erreichen kann. Gruppen, die wild drauflosarbeiten, werden sehr schnell vor diesem Problem stehen. Es müssen sowohl eine Taktik als auch Personen nach besonderen Eigenschaften diskutiert und ausgewählt werden.

Dies gilt auch bei der Variante (1.1): Wenn der Spielleiter zum Beispiel erlaubt, dass eine Person über das niedrig gespannte, der Rest aber über das hoch gespannte Seil die innere Fläche erreichen muss, so gilt es, auch hier eine sinnvolle Taktik zu finden.

Diese Übung gleicht sehr der des Spinnennetzes, ist aber leichter auf- bzw. abzubauen und eignet sich daher für nicht feste Standorte (zum Beispiel bei Ferienlagern).

# Amazonas

Ziel: Erlernen von Problemlösungsstrategien; Zusammenarbeit; Förderung der Diskussionsfähigkeit

Teilnehmer: 10–14

Alter: ab 18 Jahre

Material:

- ein Seil mit einem Durchmesser von mindestens 1,5 cm
- ein Brett aus hartem Holz (3 m x 20 cm x 5 m)
- eine (Hartholz- oder Stahl-)Stange mit einem Mindestdurchmesser von 4 cm
- ein ungefähr 2,5 m langer Stecken
- ein Eimer mit Henkel

Beschreibung: Für diese Übung benötigt man eine pflanzenfreie Böschung (ca. 1,20 m hoch), die das Ufer eines Flusses darstellen soll. Aufgabe der Gruppe ist es, den Eimer, der ca. 5,5 Meter von der Böschung entfernt im »Flussbett« liegt, mithilfe des Seils, des Brettes, der Stange und des Steckens ans Ufer zu holen. Um das Spiel ein wenig spannender zu machen, kann der Betreuer den Teilnehmern erzählen, dass der Eimer ein Kind ist, das im Amazonas von Krokodilen bedroht wird und gerettet werden muss. Dabei gibt es jedoch eine Regel zu beachten: Wenn ein Teilnehmer oder Hilfsmittel den Boden zwischen Böschung und Eimer berührt, muss von vorne begonnen werden.

Variationen: –

Erfahrungen: Auch bei diesem Spiel geht es zuerst darum, eine Taktik auszuwählen und den einzelnen Teilnehmern, ihren Kompetenzen entsprechend, Verantwortungsbereiche anzuvertrauen. Bei der eigentlichen Ausführung dieser Aktivität muss die theoretisch besprochene Aufgabenverteilung von jedem Einzelnen konzentriert wahrgenommen werden, damit das gemeinsame Ziel erreicht werden kann.

# Seilquadrat

Ziel: Erlernen von Problemlösungsstrategien; Zusammenarbeit; Förderung der Diskussionsfähigkeit

Teilnehmer: 10–14

Alter: ab 16 Jahre

Material:
- ein ungefähr 20 m langes, an den Enden zusammengeknotetes Seil
- Schals oder Ähnliches zum Augenverbinden

Beschreibung: Allen Teilnehmern werden die Augen verbunden. Das Seil wird auf den Boden gelegt, die Teilnehmer einzeln dorthin geführt. Jeder Person wird ein Teil des Taues in die Hand gegeben. Aufgabe ist es, ein Quadrat zu bilden, wobei das Seil gespannt sein muss. Alle Teilnehmer müssen das Seil ständig mit mindestens einer Hand festhalten, die Positionen dürfen jedoch verändert werden.

Variationen:

(1) Bei andauerndem Misserfolg kann der Spielleiter einem aus der Gruppe erlauben, das Tau loszulassen, um die Positionen der anderen durch Abgehen zu erkunden.

(2) Wenn nur einige wenige die Organisation übernehmen, kann der Spielleiter diesen durch Zuflüstern das Reden untersagen. Der Witz dabei ist, dass die anderen Gruppenmitglieder nichts davon wissen und nun auf eigene Initiative hin aktiv werden müssen.

(3) Die Länge des Seils kann je nach Alter oder Erfolg der Gruppe verändert werden.

Erfahrungen: Gerade weil dieses Spiel so einfach klingt, weckt es den Ehrgeiz von fast jeder Gruppe. Durch die beiden oben angeführten Variationsmöglichkeiten ist es vom Spielleiter gut kontrollierbar. Selbst wenn eine Gruppe diese Aufgabe nicht lösen kann, ist das Ziel, das mit ihr verfolgt wurde, sicherlich erreicht: Erlernen von Problemlösungsstrategien durch Diskussion. Die Teilnehmer sind auf ein Zuhören bzw. Gehörtwerden angewiesen, da ihre Gesten von den anderen nicht gesehen werden können.

# Säureteich

Ziel: Erlernen von Problemlösungsstrategien; Zusammenarbeit; Förderung der Diskussionsfähigkeit

Teilnehmer: 10–14

Alter: ab 15 Jahre

Material:

- ein Baum oder jede andere besteigbare stabile Plattform, an der ein Seil befestigt werden kann
- ein Kletterseil (30 m)
- ein Seil (20 m)
- ein Klettergurt mit Karabiner
- ein Kletterhelm
- ein Gegenstand (zum Beispiel Apfel)
- ein Tuch zum Verbinden der Augen

Beschreibung: Das Seil wird an den Enden zusammengeknotet und vor dem Baum als Kreis ausgelegt. In den Mittelpunkt wird der Apfel gelegt.

Aufgabe der Gruppe ist es, mithilfe des Kletterseils, des Klettergurtes, des Helms und des Baumes den Apfel innerhalb einer halben Stunde aus dem Kreis zu holen. Der Kreis stellt einen Teich mit giftiger Säure dar.

Wenn ein Teilnehmer oder ein Hilfsmittel mit der »Säure« in Berührung kommt, hat dies eine Zeitverkürzung oder andere Auflagen (Augenverbinden der betreffenden Person, Hände auf den Rücken binden, etc.) zur Folge.

Die gängigste Lösung ist, am Ende des Kletterseils in einer maximalen Höhe von 2,5 Meter am Baum zu befestigen (der Knoten sollte auf alle Fälle vom Betreuer überprüft werden). Eine Person legt Klettergurt und Helm an, besteigt den Baum und klinkt den Karabiner in das Kletterseil ein. Der Rest der Gruppe hält das Kletterseil über den Kreis hinweg gestrafft. Nun kann sich die Person am Kletterseil in Richtung Apfel hinunterhangeln und ihn aufnehmen.

# Das Rettungsboot

Ziel: Erlernen von Problemlösungsstrategien; Zusammenarbeit; Förderung der Diskussionsfähigkeit

Teilnehmer: 12–14

Alter: ab 17 Jahre

Material: eine 4 m hohe, 4 m breite und ca. 15 cm dicke Holzwand

Beschreibung: Aufgabe der Gruppe ist es, alle Teilnehmer in einer halben Stunde ohne zusätzliche Hilfsmittel über die Holzwand zu bringen. Als Anreiz kann der Spielleiter der Gruppe erzählen, sie befände sich auf einem Rettungsboot und sie müssten nun die Wand eines zu Hilfe gekommenen Dampfers erklimmen, um nicht von den Haien gefressen zu werden. Aus dieser Aufgabenstellung heraus ergibt sich, dass niemand, der einmal in den Dampfer geklettert ist, plötzlich von unten den restlichen Gruppenmitgliedern helfen kann. Auch sind keine anderen Hilfsmittel, wie zum Beispiel das Verwenden von Kleidung als Seile, zugelassen.

Variationen: Der Spielleiter kann je nach Gruppe die Zeitvorgabe verlängern oder verkürzen.

Erfahrungen: Sicherheitstechnische Erfahrungen:

- Der Spielleiter sollte niemals mehr als zwei Personen auf der Holzwand sitzend zulassen.
- Der Kopf eines Teilnehmers sollte in keinem Fall nach unten hängen. Darauf sollte der Leiter achten.

Dieses Spiel wird erst am Ende interessant. Nämlich, wenn es darum geht, die Letzten über die Wand zu bringen.

Hier zeigt es sich, wie gut die Vorausplanung der Gruppe ist. Wenn sie ohne Diskussion aktiv geworden ist, wird sie am Schluss vor gewaltigen Problemen stehen. Es ist aber nicht Rolle des Spielleiters, sie darauf hinzuweisen. Die Teilnehmer lernen durch ihr Handeln. Vielleicht kann ihnen zu einem späteren Zeitpunkt eine zweite Chance gegeben werden.

Übrigens: Der Rekord einer 14 Teilnehmer starken Gruppe liegt bei ca. 4 Minuten.

# Ökomemory

Ziel: Erlernen von Problemlösungsstrategien; Zusammenarbeit

Teilnehmer: 8–14

Alter: ab 14 Jahre

Material:

- 10–16 Blätter, Steine, Zweige etc. (mindestens zwei Gegenstände mehr als Teilnehmer)
- 2 Tücher

Beschreibung: Diese Übung findet auf alle Fälle im Freien statt. Der Betreuer breitet die Gegenstände auf einem Tuch aus und legt das zweite darüber. Er erläutert den Teilnehmern ihre Aufgabe und lässt ihnen Zeit, sich eine Taktik zu überlegen: Wenn er das obere Tuch fortnimmt, haben die Teilnehmer zwei Minuten (Zeit ist je nach Art und Zusammensetzung der Gruppe variabel), um sich die Dinge mit ihren Besonderheiten einzuprägen. Danach werden die Gegenstände wieder zugedeckt. Aufgabe der Gruppe ist es, alle gezeigten Materialien in einer bestimmten Zeit zusammenzutragen.

Variationen: –

Erfahrungen: Je nach Fähigkeit der Gruppe kann der Leiter verlangen, nicht nur auf die Übereinstimmung der Gattung (Birkenzweig, Ahornblatt), sondern auch auf die Ähnlichkeit in Form, Farbe und Größe zu achten. Im Anschluss kann sowohl über die Taktik, als auch über die Naturerfahrung diskutiert werden.

# Verkehrsstau

Ziel: Erlernen von Problemlösungsstrategien; Zusammenarbeit; Förderung der Diskussionsfähigkeit

Teilnehmer: gerade Anzahl, am besten 10–14

Alter: ab 18 Jahre

Material: Stecken, Hölzer, Kreide, Tapestreifen etc., um Rechtecke am Boden zu markieren.

Beschreibung: Der Spielleiter malt in einer Linie Rechtecke auf den Boden, die jeweils einen Schritt voneinander entfernt sind. Die Anzahl der Rechtecke richtet sich nach der Anzahl der Teilnehmer. Es muss ein Rechteck mehr als Teilnehmer vorhanden sein.

Die Gruppe teilt sich in zwei Untergruppen mit gleicher Personenanzahl auf. Zu Beginn stellt sich die eine der beiden Gruppen auf die Rechtecke, die links vom mittleren Rechteck liegen, die andere Gruppe rechts davon. Das mittlere Rechteck bleibt frei. Alle Teilnehmer stehen mit dem Gesicht zum mittleren Rechteck.

Aufgabe der gesamten Gruppe ist es, ihre Plätze so zu tauschen, dass bei Beendigung des Spieles die Person, die zu Beginn ganz links stand, nun auf dem ersten Feld rechts von der Mitte steht. Die Person, die als zweite von ganz links stand, muss jetzt auf dem zweiten Feld rechts von der Mitte stehen, usw.

Dabei sind jedoch einige Regeln zu beachten:

(1) Eine Person darf in den freien Raum vor ihr rücken.

(2) Eine Person darf um eine Person herum auf ein freies Feld rücken, wenn die Person vor ihr in der entgegengesetzten Richtung steht.

(3) Niemand darf rückwärts gehen.

(4) Niemand darf um eine Person herum gehen, auf deren Rücken er blickt.

(5) Es darf sich immer nur jeweils eine Person bewegen.

Variationen: –

Erfahrungen: Wenn die Lösung für dieses Problem gefunden worden ist, wird die Gruppe herausgefunden haben, dass es zu Anfang sinnvoll ist, über ein Problem zu diskutieren und eine theoretische Lösung zu finden. Dann ist es aber effizienter, wenn nur eine Person die Anweisungen für deren praktische Ausführung gibt. Der Gruppenbetreuer kann die Übung unter dieser Bedingung wiederholen lassen und danach eine Diskussion anregen, welche Kriterien einen guten Leiter auszeichnen. Manche Gruppen verlassen auch die Aufstellung und üben erst mal am Modell, z. B. mit Münzen (das verschafft einen viel besseren Überblick!).

Ein Teilnehmer entwickelte auch einen Algorithmus, der bei Interesse unter mail@annette-reiners.de angefordert werden kann.

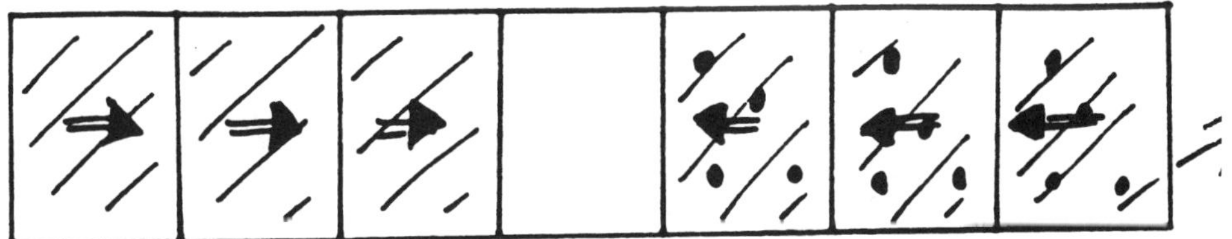

# Gruppentangram

Ziel: Zusammenarbeit; Förderung der Diskussionsfähigkeit

Teilnehmer: 6–15

Alter: ab 14 Jahre

Material: 3 x (blaues Tangram-Set aus je 7 Teilen)
3 x (rotes Tangram-Set aus je 7 Teilen)
3 x (grünes Tangram-Set aus je 7 Teilen)

Schnittmuster für ein Set:

Beschreibung: Die Gruppe wird in drei Kleingruppen aufgeteilt. Die verschiedenenfarbigen Tangram-Sets werden bunt durcheinander gemischt und gleichmäßig zwischen den Gruppen verteilt.

Aufgabe jeder Kleingruppe ist es, drei Tangram-Quadrate der gleichen Größe, aber in jeweils unterschiedlichen Farben zu legen (je ein blaues, ein rotes und ein grünes Quadrat). Der Spielleiter gibt den Hinweis, dass ein Tangram-Quadrat aus mehr als 6 Teilen bestehen muss, welche aneinandergelegt werden.

Es bietet sich an, die Gruppen in verschiedene Räume zu schicken und einen zentralen Austauschpunkt auszumachen. Die Kommunikation erfolgt dann nur über Walkie Talkies oder Handys.

Das Tauschen der Teile erfolgt über stumme Boten. Der Bote darf jeweils nur ein Teil transportieren. Skizzen oder Zeichnungen dürfen nicht ausgetauscht werden. Beim Tauschen der Teile muss der Spielleiter außerdem darauf achten, dass auch wirklich getauscht wird, also nur ein Teil weitergegeben wird, wenn man ein anderes dafür bekommt.

Variationen:

(1) Man kann einen extra Besprechungsraum für Gruppensprecher anbieten.

(2) Bei größeren Kleingruppen kann man der Gruppe Zusatzaufgaben geben (z. B.: kleine Denksportaufgaben, auch um von der Hauptaufgabe abzulenken und die Vielschichtigkeit der täglichen Arbeit nachzustellen).

(3) Beim Verteilen kann man einer Gruppe nur große, einer nur mittlere, der dritten Gruppe nur kleine Dreiecke geben.

(4) Die Übung ist auch im Freien schön, die Gruppen einfach im Gelände verteilen.

(5) Eine vierte und fünfte Farbe verwenden, dafür entsprechend der Anzahl blaue und rote Komplettquadrate aussortieren.

Komplette Spielsets mit sechs verschiedenen Farben gibt es z. B. bei ZIEL-Seminarmaterialien – www.ziel-tools.de

# Schiffbruch

Ziel: Förderung der Diskussionsfähigkeit; Erlernen von Problemlösungsstrategien

Teilnehmer: 10–14

Alter: ab 18 Jahre

Material: –

Beschreibung: Der Gruppenleiter erzählt den Teilnehmern folgende Geschichte: Das Boot der Gruppe hat Schiffbruch erlitten. Es steht nur ein Rettungsboot, das sechs oder zehn (je nach Anzahl der Teilnehmer) Personen fassen kann, zur Verfügung. Jeder Teilnehmer wählt eine fiktive Person (z. B. eine Ärztin, eine Prostituierte, einen Vater mit Kind, einen Mathematikprofessor usw.), deren Eigenschaften er sich selbst zusammenstellen soll. Diese fiktiven Personen haben die unterschiedlichsten Fähigkeiten und Hintergründe. Jeder sollte zumindest eine positive und eine negative Eigenschaft besitzen (z. B. die Ärztin bleibt nur, wenn ihre an Krebs leidende Lebensgefährtin bleiben darf). Diese können schriftlich festgehalten werden.

Jedes Gruppenmitglied muss nun dafür argumentieren, warum gerade seine Person überleben sollte. Die Gruppe muss zum Schluss entscheiden, wer bleiben darf und wer gehen muss. Selbstmorde und Morde sind verboten.

Variationen: Der Gruppenleiter kann während der Diskussion der ursprünglichen Situation Unfälle und andere Vorkommnisse hinzufügen.

Erfahrungen: Der Betreuer sollte sich den Verlauf der Diskussion notieren. Besonders wichtig sind dabei jene Punkte, wann und mit welchen Argumenten jemand von sich ablenken konnte, zum Gehen verurteilt wurde usw. Außerdem sollte diskutiert werden, wie die Gruppe zu der Entscheidung gelangt ist (durch Mehrheitsbeschluss?), welche Person eher eine aktive oder passive Rolle gespielt hat, wer zufrieden mit seiner Rolle war etc.

# Schleife binden

Ziel: Erlernen von Problemlösungsstrategien; Förderung der Diskussionsfähigkeit; Zusammenarbeit

Teilnehmer: 4–12

Alter: ab 14 Jahre

Material: ein Seil, ca. 15 m; ein Baum

Beschreibung: Die Teilnehmer halten sich alle mit einer Hand am Seil fest. Ihre Aufgabe ist es, eine ganz normale Schleife um den Baum zu knüpfen (wie mit den Schnürsenkeln eines Schuhs). Am Ende sollen mindestens zwei Teilnehmer in jeder der zwei Schlaufen stehen – natürlich ohne das Seil losgelassen zu haben. Zusätzlich muss sich die Schleife – wenn alle Teilnehmer losgelassen haben und aus den Schlaufen herausgetreten sind – wie in der Realität aufziehen lassen.

# 2 x 4

Ziel: Erlernen von Problemlösungsstrategien; Förderung der Diskussionsfähigkeit; Zusammenarbeit

Teilnehmer: 8 (4 Männer, 4 Frauen) + x Berater

Alter: ab 16 Jahre

Material: –

Beschreibung: Der Gruppenleiter bittet die acht Teilnehmer, sich in einer Reihe Schulter an Schulter aufzustellen, und zwar abwechselnd weiblich und männlich. Die Aufgabe ist gelöst, wenn am Ende der Übung auf der einen Seite die Männer stehen und auf der anderen die Frauen.

Zu beachten sind dabei folgende Regeln:

- So wenig Wechsel wie möglich.
- Alle Wechsel müssen paarweise erfolgen (ein Paar: zwei Personen, die nebeneinander stehen: Mann und Frau, Frau und Frau, Mann und Mann).
- Wenn ein Paar wechselt, bleibt ein Platz in der Reihe frei, der von einem anderen Paar eventuell wieder besetzt werden kann.
- Die Reihenfolge innerhalb eines Paares darf beim Wechsel nicht getauscht werden.
- Bei Abschluss der Übung darf in der Reihe keine Lücke sein.

Die Mindestzahl von Wechseln liegt bei vier. Man sollte dieses Minimum aber nicht erwähnen, bevor die Gruppe den ersten Versuch abgeschlossen hat.

Die Lösung sieht folgendermaßen aus:

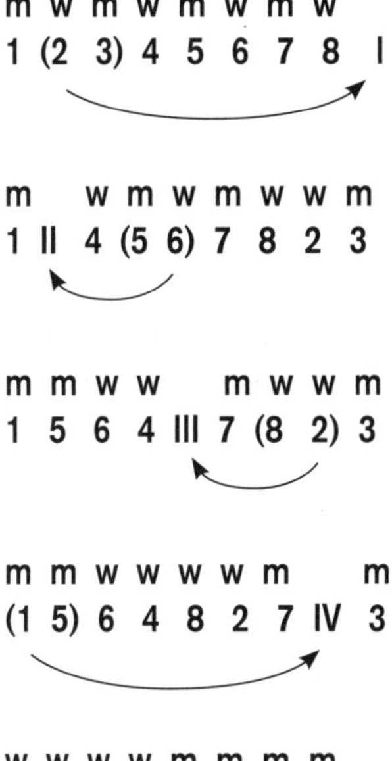


Variationen: –

Erfahrungen: Mädchen können Jungen darstellen und umgekehrt, falls die Gruppe nicht aus der gleichen Anzahl weiblicher und männlicher Mitglieder besteht.

Wenn eine Gruppe wegen Erfolglosigkeit frustriert ist, kann der Betreuer ihnen den ersten richtigen Wechsel zeigen.

Wenn der Betreuer die Lösung vergessen hat oder es versäumt hat, sie auf seine Handinnenflächen zu schreiben, muss er abwarten, bis die Gruppe auf die richtige Spur kommt. Kommen die Teilnehmer nicht auf die richtige Lösung, kann er die Übung abbrechen und der Gruppe vorschlagen, noch einmal darüber zu schlafen.

# Modenschau

Ziel: Kreativität; Zusammenarbeit

Teilnehmer: 8–20

Alter: ab 14 Jahre

Material: Zeitungspapier bzw. Flipchartpapier, Moderationswandbögen, Scheren, Klebstoff, Farben, Pinsel, Kreativmaterial (Krepppapier, Schnüre etc.)

Beschreibung: Im Seminarhaus findet eine Modenschau statt. Die Teilnehmer teilen sich in Kleingruppen auf. Jede Kleingruppe staffiert jeweils ein Modell möglichst kreativ aus. In der anschließenden höchstprofessionellen Präsentation auf dem Laufsteg werden die kreativsten Modelle und gelungensten Darbietungen prämiert.

Variationen: Naturmaterialien dürfen verwendet werden oder was das Seminarhaus so hergibt – vom Lampenschirm bis zum Teppich.

# Polaroidkamera

Ziel: Zusammenarbeit

Teilnehmer: 10–14

Alter: ab 16 Jahre

Material: eine Sofortbildkamera mit Film oder eine Digitalkamera mit Bildschirm oder einem Fotodrucker

Beschreibung: Die Gruppe bekommt die Aufgabe, mithilfe der Kamera ein Foto von sich zu schießen. Auf dem Foto müssen weitere 20 Personen sein, die bestimmte Eigenschaften aufweisen, wie zum Beispiel:

- 2 über 60-jährige
- 2 unter 3 Jahre (mit Müttern/Vätern)
- Personen mit bestimmten Berufen (1 Architekt, 1 Arbeitsloser, 1 Hausfrau, 1 Sekretärin, 1 Lehrer)
- 2 Frauen mit Zöpfen
- 2 Männer mit Bärten usw.

Erfahrungen: Ich selbst habe noch keine Erfahrungen mit diesem Spiel gemacht. Es wurde bei einer Fachtagung zur Erlebnispädagogik von einem Vertreter der belgischen City-Bound-Schule (eine Einrichtung für Erlebnispädagogik in der Stadt) vorgestellt. Es eignet sich für Kurse, die nicht in abgeschiedener Wildnis stattfinden. Ich denke, dass auf alle Fälle in einer Nachbesprechung Fragen diskutiert werden sollten, wie: »Wie motiviere ich Personen, mitzumachen? Wie organisiere ich so viele Menschen?« etc.

# Nachbesprechungs-hilfen

# Metaplan

Ziel: Bewusst machen und aussprechen von Ängsten bzw. positiven Erwartungen bezüglich einer auszuführenden Aktivität

Teilnehmer: bis zu 15

Alter: ab 14 Jahre

Material:

- 15 Stifte
- 30 rote Karteikarten oder Zettel
- 30 grüne Karteikarten oder Zettel
- ein ca. 1 m x 2 m großes Stück Papier, Tafel oder Pinnwand
- Klebeband (Tesa)

Beschreibung: Der Spielleiter bittet die Teilnehmer, ihre Ängste vor einer Aktivität auf die roten Karten zu schreiben, ihre positiven Erwartungen auf die grünen. Auf Verlangen kann dies anonym geschehen. In diesem Fall werden alle Karten eingesammelt und gemischt. Ein Teilnehmer liest die Karten laut vor und die Gruppe versucht, diese nach Inhalten zu sortieren. Die jeweils inhaltsgleichen bzw. -ähnlichen Karten werden auf dem großen Stück Papier nebeneinander festgeklebt.

So gibt es vielleicht ein Feld mit den Erwartungen und Befürchtungen zum »Wetter«, eines mit »Anstrengung«, eines mit »Auskommen mit anderen Gruppenmitgliedern« usw.

Dann werden die einzelnen Erwartungen bzw. Befürchtungen diskutiert.

Nach der Aktivität kann das Papier (Metaplan) erneut hervorgeholt und besprochen werden, inwieweit die Erwartungen zugetroffen haben.

Variationen: –

Erfahrungen: Bei diesem Spiel können sich die einzelnen Gruppenmitglieder ihrer Ängste bewusst werden, wobei sie feststellen, dass sie mit ihren Befürchtungen nicht alleine sind. Dem Gruppenleiter bietet es die Möglichkeit, sein Programm den Bedürfnissen der Teilnehmer entsprechend zu gestalten. Außerdem kann er durch diese Übungen Situationen, bei denen es zu Schwierigkeiten kommen könnte, besser voraussehen und auf diese angemessen reagieren.

# Wappen

Ziel: Bewusstwerdung und Enthüllung des Selbst

Teilnehmer: unbegrenzt

Alter: ab 16 Jahre

Material: pro Teilnehmer Papier und Stift

Beschreibung: Die Teilnehmer sollen ihre persönlichen Wappen zeichnen. Danach werden die einzelnen Entwürfe diskutiert.

Beispiel:

- Mein größter Erfolg in diesem Jahr/Kurs/Leben
- Mein größtes Versagen in diesem Kurs/Jahr/Leben
- Hoffnung für das nächste Jahr
- Hoffnung für die nächsten zehn Jahre
- Positive Eigenschaften
- Negative Eigenschaften

Variationen: Die Teilnehmer können auch ein Wappen für die ganze Gruppe entwerfen.

Erfahrungen: Dieses Spiel ist vor allem für die Endphase eine Kurses geeignet, wenn es darum geht, Schlüsse aus dem Erlebten für die Zukunft zu ziehen. Indem der Betreuer den Gruppenmitgliedern hilft, diese Gedanken zu verbalisieren, werden die Erfahrungen in das Bewusstsein gehoben.

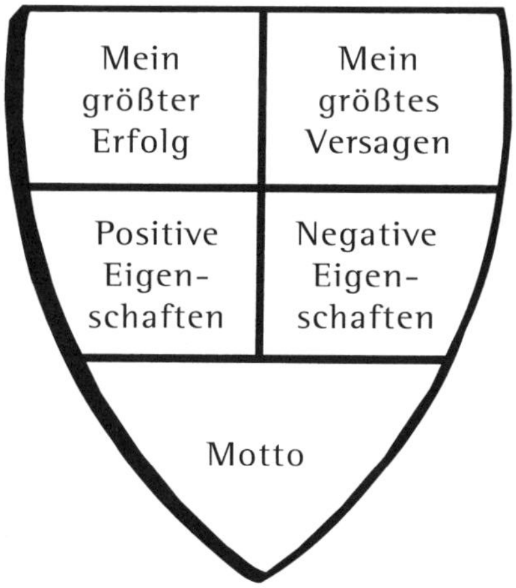

# Werbung

Ziel: Aufbau von Vertrauen; positives Feedback

Teilnehmer: 10–14

Alter: ab 16 Jahre

Material: pro Teilnehmer Papier und Stift

Beschreibung: Jeder Teilnehmer schreibt auf ein Blatt Papier eine Werbeanzeige über sich selbst, in der er sich als Freund beschreiben und verkaufen möchte. Als Anhaltspunkt kann die Frage dienen: Warum sollte mich einer als Freund lieber kaufen wollen als jemand anderen?

Dann werden die Zettel vom Betreuer eingesammelt und einzeln vorgelesen, wobei die Gruppe raten muss, wer welche Anzeige geschrieben hat. Dabei ist es wichtig, dass jede Vermutung begründet wird (woran man erkennt, dass dies eine bestimmte Person geschrieben hat).

Variationen.

(1) Anstatt einer Anzeige, die den Teilnehmer als wertvollen Freund anpreist, können auch Anzeigen verwendet werden, in denen sich die einzelnen Mitglieder als Eltern, Lehrer, Schüler, Sohn/Tochter, Geliebte(r) verkaufen wollen.

(2) Anstatt sich verkaufen zu wollen, können die Teilnehmer Selbstbeschreibungen abgeben (das muss natürlich vorher festgelegt werden). Die Beschreibung muss so verfasst sein, dass sie auf keine andere Person in der Gruppe zutreffen kann. Es ist besser, Eigenschaften und Ideen der Person beschreiben zu lassen, als physische Merkmale.

Erfahrungen: Man kann die Teilnehmer zu Beginn einer erlebnispädagogischen Maßnahme bitten, diese Anzeigen zu verfassen und sie dann später (nach zwei bis drei Tagen oder bei Kursende) besprechen. Auf alle Fälle sollte sich die Gruppe bei einer Besprechung der Werbung schon einige Zeit kennen, um ein Urteil fällen zu können.

# Teamarbeit

Ziel: Selbstkritik

Teilnehmer: bis zu 15

Alter: ab 14 Jahre

Material:
- Stift
- Papier

Beschreibung: Der Spielleiter bittet die Teilnehmer, einen Katalog von Faktoren zu nennen, die zur Teamarbeit beitragen.

Die Liste könnte folgendermaßen aussehen:
- Ehrlichkeit
- Toleranz
- Einsicht
- Helfen / Hilfsbereitschaft
- Zuhören
- Geduld
- Absprache
- Wechseln der Arbeitsfunktionen
- Verantwortungsgefühl
- Selbstdisziplin
- Vertrauen
- Taktgefühl / Höflichkeit
- Verständnis
- Timing
- Konzentration
- Rücksicht
- Diskussionsbereitschaft
- Kommunikation
- Kooperation
- Mitgefühl
- Organisation

Eine Liste sollte von der Gruppe selbstständig zusammengestellt werden und mindestens zehn Faktoren enthalten.

Der Betreuer befragt nun jedes Gruppenmitglied einzeln:

a) in welchen Punkten es besonders zu einer guten Zusammenarbeit beigetragen hätte,

b) in welchen es sich selber noch verbessern möchte,

c) in welchen die ganze Gruppe sich bei der nächsten Aktivität noch verbessern müsste.

Dabei sind nur wirklich signifikante Faktoren zu nennen, vielleicht zwei zu a, b und c.

Variationen: Als gute Variante bietet es sich an, diese Liste vor einer Aktivität zu erstellen und nach deren Ausführung nachzubesprechen. Sie bietet so schon während der Aktion gute Anhaltspunkte, auf welches Verhalten Wert gelegt wird.

Erfahrungen: Auch dieses Spiel wird zu Beginn als schwierig empfunden. Es ist aber eine hervorragende Übung zur konstruktiven Selbstkritik. Das Verhalten wird nach jeder Aktivität überdacht und bietet so die Möglichkeit zu Veränderung. Je früher man diese Übung mit der Gruppe macht, umso besser.

Es besteht die Gefahr, dass Äußerungen – vor allem bei den Punkten a und b – verallgemeinert werden (»Also das mit der Toleranz hat ja so nicht geklappt«). Ein einfaches »Gegenmittel« hierfür ist es, den Teilnehmern ausschließlich nur die »Ichform« zu erlauben; in dem genannten Fall: »Ich war nicht tolerant.«

# Effektive Arbeit

Ziel: Verständnis, aus welchen Faktoren sich effektive Arbeit zusammensetzt; Selbstkritik

Teilnehmer: bis zu 15

Alter: ab 14 Jahre

Material: Stift, Papier

Beschreibung: Der Spielleiter zeichnet ein Diagramm auf, welches als x-Achse das Maß der Aktion zeigt und als y-Achse das der Gedanken. Er stellt an die Teilnehmer nun folgende Fragen:

»Was passiert, wenn ihr viel über eine Sache nachdenkt, aber nicht handelt?« Die richtige Antwort wäre: »Es bleibt bei einer guten Absicht.«

»Was passiert, wenn ihr ein hohes Maß an Aktion aufweisen könnt, jedoch nicht viel dabei überlegt?«. »Wir rennen herum wie kopflose Hühner.«

»Was passiert, wenn ihr weder aktiv werdet noch Überlegungen anstellt?« »Nichts, das kann man vergessen.«

»Was aber ist, wenn man bei einer Aufgabe zuerst nachdenkt und dann handelt?« »Effektive Arbeit.«

Das fertige Diagramm müsste nach diesem Schema letztlich folgendermaßen aussehen:

Variationen: Auch diese Übung eignet sich als Vorbereitung auf eine Aktion.

Erfahrungen: Dieses Diagramm ist eine einfache Veranschaulichung der beiden Faktoren für eine effektive Arbeit. So ist es nach einer Aktivität leicht nachzuprüfen, ob sie effektiv ausgeführt wurde oder noch verbesserungsfähig ist. Diese Übung eignet sich besser für die gesamte Gruppe als für eine Besprechung darüber wie sich der Einzelne verhalten hat. Für eine solche Reflexion ist sie zu oberflächlich.

*Zeichnung: Annette Reiners*

# Ärger und Freude

Ziel: Ausdruck von Gefühlen

Teilnehmer: mindestens 6

Alter: ab 16 Jahre

Material: –

Beschreibung: Die Teilnehmer sitzen in einem Kreis. Jede Person gibt ein Statement ab, indem sie mit den Worten »Ich ärgere mich, dass…« beginnt.

Danach wird die Runde mit »Ich freue mich, dass…« wiederholt.

Es ist jedem erlaubt zu sagen: »Ich passe.« Das bedeutet, dass er keinen Kommentar abgeben möchte, oder aber er sagt einfach »mich ärgert nichts« bzw. »ich bin über nichts erfreut«.

Während der Übung sind Kommentare verboten.

Nachdem alle Teilnehmer das Wort gehabt haben, sollte Zeit und Raum zur Diskussion gegeben werden.

Variationen: Um notfalls, bei starken Hemmungen der Gruppe, über die Empfindungen offen zu sprechen, kann man anfangs diese Übung auch schriftlich durchführen.

Erfahrungen: Diese Übung erscheint simpel, ist aber in Wirklichkeit eines der schwierigsten Nachbesprechungsspiele in diesem Buch. Man sollte es im Verlauf eines Kurses oder einer Maßnahme öfters spielen, denn mit zunehmender Vertrautheit erhöht sich auch die Bereitschaft der Teilnehmer, offen über ihre Gefühle zu reden bzw. die Kritik der anderen zu akzeptieren.

# Gruppenmoraldiagramm

Ziel: Diskussionsfähigkeit; Akzeptanz der Gefühle anderer mit Kompromisslösung; Erkennen, wann asoziales Verhalten entsteht

Teilnehmer: 10–14

Alter: ab 18 Jahre

Material: Am besten eignet sich eine Tafel und ein Stück Kreide; falls dies nicht vorhanden ist, genügt ein großes Blatt Papier und ein dicker Filzstift.

Beschreibung: Bei dieser Nachbesprechung versucht der Gruppenleiter, die Gruppenmoral während einer Aktivität zu erfahren. Diese Übung eignet sich vor allem bei Unternehmungen, die längere Zeit angedauert haben. Der Betreuer malt ein Diagramm mit einer vertikalen und einer horizontalen Achse an die Tafel. Die horizontale Achse ist aufgeteilt in die Anzahl der Tage der zu besprechenden Aktivität, wobei man die Tage selbst wiederum in bestimmte Zeitabschnitte unterteilen kann. (zum Beispiel vormittags, nachmittags, nachts).

Die vertikale Achse enthält die Bewertungsskala, die mit Null den absoluten Tiefpunkt und mit zehn den Höhepunkt der Gruppenmoral festsetzt.

Aufgabe der Gruppe ist es, ein Diagramm zu zeichnen, indem sie zum Beispiel den ersten Morgen der Unternehmung diskutieren und einen Bewertungspunkt in das Diagramm einzeichnen. So verfahren sie mit allen Tagesabschnitten. Zum Schluss verbinden sie die einzelnen Punkte zu einer Linie.

Danach kann über die Gründe für den absoluten Tief- und Höhepunkt diskutiert werden.

Variationen: –

Erfahrungen: Die Gruppe wird erstaunt sein, wie sehr diese Kurve schwanken wird.

Es ist am schnellsten und einfachsten für die Gruppe, einen einheitlichen Bewertungspunkt pro Zeitabschnitt zu finden, wenn jeder Teilnehmer seine Wertung abgibt, man diese zusammenzählt und durch die Anzahl der Teilnehmer dividiert. Trotzdem sollte der Betreuer Diskussionen über Zeiteinheiten fördern, bei denen die Bewertungen der einzelnen Teilnehmer weit auseinander driften. Es wird für die anderen Gruppenmitglieder interessant sein, dass jemand die Situation ganz anders erlebt hat.

Meistens stellt sich heraus, dass der Tiefpunkt der Gruppe auf mangelnde Teamarbeit zurückzuführen ist. Die schlechte Zusammenarbeit ist dann oft auf äußere Einflüsse, wie zum Beispiel Wetter oder Tageszeit zurückzuführen. Wenn die Gruppe zu diesem Ergebnis kommt, sollte der Betreuer darauf hinweisen, dass die Zusammenarbeit gerade dann wichtig ist, wenn äußere Umstände wie schlechtes Wetter diese erschweren.

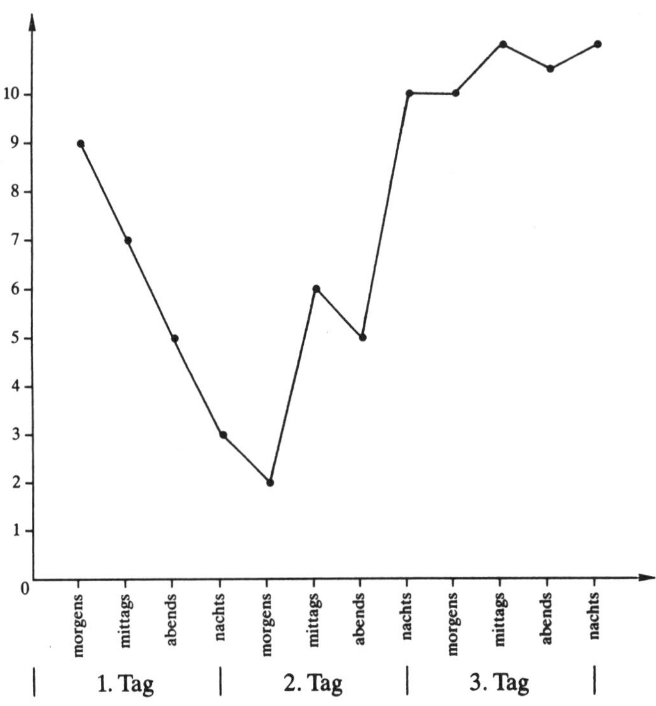


*Zeichnung: Annette Reiners*

# Straßenkarte

Ziel: Selbstkritik; Ausdrücken der Gefühle

Teilnehmer: 10–14

Alter: ab 18 Jahre

Material:
- eine Tafel
- ein Stück Kreide
- ein Schwamm

Falls keine Tafel vorhanden ist, kann auch ein Stift und ein Blatt Papier pro Person verwendet werden.

Beschreibung: Aufgabe jedes einzelnen Teilnehmers ist es, nacheinander eine Straßenkarte an die Tafel zu zeichnen, die den »Weg« beschreibt, den der Betreffende bei einer Aktivität ging. Dazu sollte er die einzelnen »Schritte« erklären.

Variationen: Die gesamte Gruppe kann wie bei einem Diagramm der Gruppenmoral (S. 151) eine gemeinsame Straßenkarte erstellen. Es gilt darzustellen, wie die gesamte Gruppe auf eine Situation oder Aufgabe reagiert und diese gemeistert hat.

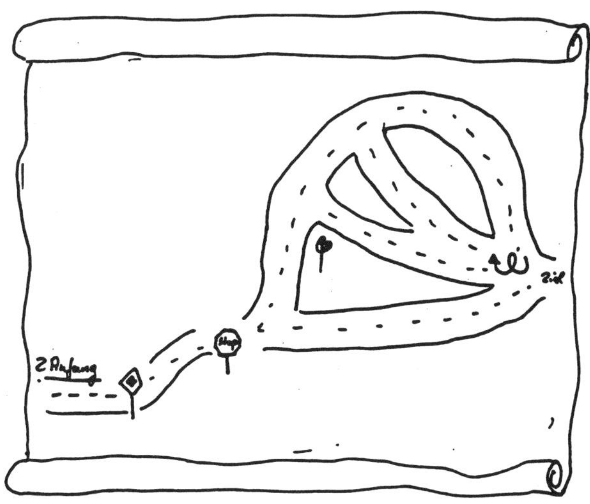


Zeichnung: Annette Reiners

Erfahrungen: Es ist in der Regel für die Teilnehmer einfacher, ihre Gefühle anhand von Symbolen zu beschreiben als sie direkt auszusprechen. Zum Beispiel hörte ich bei der Nachbesprechung des Vertrauensfalls (S. 92): »Ich stand vor dem Baumstamm, der Betreuer erklärte, was zu tun sei. Erst machte ich einen Schritt vorwärts, da ich der erste Freiwillige sein wollte, doch dann stoppte ich, ich hatte Angst. Ich nahm den Umweg und war zuerst Fänger. Nach jedem Fallenden hatte ich die Möglichkeit, der Nächste zu sein; ich stand an einer Weggabelung, doch jedesmal wählte ich die Möglichkeit des Fängers. Dann brachte ich den Mut auf, den Vertrauenspfahl zu besteigen. Ich stieg hinauf, drehte mich um 180 Grad und ließ mich fallen.«

# Höhe- und Tiefpunkte

Ziel: Aufarbeitung einer bestimmten Situation

Teilnehmer: bis zu 15

Alter: ab 14 Jahre

Material: –

Beschreibung: Der Spielleiter bittet die einzelnen Teilnehmer, zu erzählen, was ihnen bei dem zu besprechenden Programmteil am besten gefallen hat bzw. was sie am meisten geärgert hat und warum. Dies kann die Organisation, Ausrüstung oder bestimmte Personen betreffen.

Wichtig ist, dass jede Person das Rederecht erhalten hat, bevor das Gesagte diskutiert wird.

Variationen: –

Erfahrungen: Diese Form der Nachbesprechung eignet sich sehr gut, um bestimmte Krisensituationen zu klären, die bei der zu diskutierenden Aktivität auftraten. Sie bietet die Möglichkeit zur Kritik, die aber konstruktiv sein sollte.

Meist ärgern sich die Teilnehmer über ein angebliches Fehlverhalten anderer Gruppenmitglieder. Der Spielleiter sollte darauf achten, dass nicht nur wenige im Kreuzfeuer der Kritik stehen, sondern dass auch das Verhalten der Übrigen bzw. ihre Reaktion auf ein Verhalten diskutiert wird.

Dagegen werden oft Situationen, bei denen etwas gemeinsam erreicht wurde, als Höhepunkte dargestellt. Die Aufgabe des Spielleiters ist es, auf diese Tatsache aufmerksam zu machen.

# Emotionen von A bis Z

Ziel: Ausdruck und Beschreibung von Gefühlen

Teilnehmer: 10–14

Alter: ab 18 Jahre

Material: pro Teilnehmer ein Blatt Papier und ein Stift

Beschreibung: Der Spielleiter bittet die Gruppenmitglieder, auf das Blatt Papier das Alphabet untereinander zu schreiben. Nun sollen die Teilnehmer pro Buchstabe ein Wort oder einen Ausdruck schreiben, das/der das Gefühl bei der zu besprechenden Aktivität beschreibt. Wenn alle Teilnehmer diese Aufgabe erfüllt haben, bittet sie der Betreuer, die Wörter vorzulesen und zwei Begriffe (positiv und negativ) auszuwählen, den sie der Gruppe erklären wollen.

Variationen: Je nach Gruppengröße können mehrere Punkte pro Person besprochen werden.

Erfahrungen: Der Gruppenleiter muss betonen, dass nur Gefühle genannt werden sollen. Es ist natürlich schwer, für jeden Buchstaben ein Gefühlsausdruck zu finden. Das ist aber auch nicht der eigentliche Sinn der Übung. Es soll herausgefunden werden, welche der unterschiedlichen Emotionen Priorität hatten.

# Fünf Begriffe

Ziel: Ausdruck von Gefühlen; Förderung des Einfühlungsvermögens

Teilnehmer: mindestens 4

Alter: ab 14 Jahre

Material: pro Person Papier und Stift

Beschreibung: Die Gruppe sitzt im Kreis zusammen. Jeder Teilnehmer bekommt einen Zettel und schreibt auf diesen fünf Begriffe, die die Frage »Was habe ich bei der/dem letzten Aktivität/Spiel/Expedition empfunden?« knapp beantworten.

Danach werden die Zettel eingesammelt und vom Gruppenleiter einzeln vorgelesen. Bei jedem Papier muss die Gruppe raten, wer es geschrieben haben könnte und, vor allem, warum. Es geht beispielsweise um die Begründung, warum man der Meinung ist, dass der Teilnehmer X sich bei einer bestimmten Situation schlecht oder wohl gefühlt hat.

Variationen: –

Erfahrungen: Diese Übung ist in zweierlei Hinsicht ein interessantes Spiel: Zum einen macht es die Gruppe generell sensibler für die Gefühle der anderen, zum anderen aber hat auch die Diskussion ihre Wirkung auf die Teilnehmer. Jedem wird deutlich, wie verschieden er auf andere wirkt, oder dass er ganz anders eingeschätzt wird, als er es im Grunde genommen möchte.

Es kommt also weniger darauf an, dass die Schätzungen, wer was geschrieben haben könnte, sich als richtig erweisen, sondern auf die Begründungen.

# Gefühle des rechten Nachbarn

Ziel: Förderung des Einfühlungsvermögens

Teilnehmer: bis zu 15

Alter: ab 15 Jahre

Material: –

Beschreibung: Die Gruppe setzt sich in einem Kreis zusammen. Der Betreuer bittet die einzelnen Teilnehmer, zu schildern, wie sich ihr jeweils rechter Nachbar bei der zu besprechenden Aktivität gefühlt hat. Es handelt sich dabei natürlich nur um Vermutungen.

Die auf diese Weise besprochene Person kann nach der Darstellung die Äußerungen bestätigen oder korrigieren.

Variationen: Jeder Teilnehmer kann sich eine Person aussuchen, deren Gefühle er erzählen will. Es ist dabei darauf zu achten, dass jedes Gruppenmitglied besprochen wird.

Erfahrungen: Diese Übung erscheint den meisten Gruppenteilnehmern besonders schwierig, da sie die Befürchtung haben, das Verhalten der geschilderten Person missverstanden zu haben.

Es liegt deshalb am Spielleiter, zu betonen, dass es sich wirklich nur um Annahmen handelt, die keinen Anspruch auf absolute Gültigkeit haben.

Die besprochene Person dagegen lernt einzuschätzen, wie ihr Verhalten in bestimmten Situationen beurteilt wird.

# Vertrauen

Ziel: Erkennen von Vertrauen

Teilnehmer: 10–14

Alter: ab 16 Jahre

Material: –

Beschreibung: Der Gruppenleiter regt folgende Fragen zur Diskussion an:

»Wie kannst du erkennen, dass ein Tier dir vertraut?«
»Wie kann ein Tier merken, dass du ihm vertraust?«
»Welches Verhalten kann darauf hinweisen?«

Nach dieser Diskussion geht er zum menschlichen Verhalten über:

»Woher weißt du, ob dir jemand vertraut?«
»Woran erkennst du, ob du jemandem vertrauen kannst?«
»Welches Verhalten kann als Richtschnur verwendet werden?«

Variationen: –

Erfahrungen: Diese Diskussion lässt sich sehr gut vor oder nach Vertrauensübungen (zum Beispiel dem Vertrauensfall) führen. Den Teilnehmern kann in der Diskussion bewusst werden, wann man gezwungenermaßen jemandem vertrauen muss, aber auch, warum man freiwillig jemandem vertrauen kann, der einem fremd ist. Ebenso bekommt man ein indirektes Feedback, ob man selbst vertrauenswürdig erscheint.

# Meine Rolle

Ziel: Verständnis der eigenen Rolle in Situationen mit und außerhalb der Gruppe

Teilnehmer: 10–14

Alter: ab 16 Jahre

Material: –

Beschreibung: Am Ende einer Aktivität (Spiel oder Unternehmung) setzt sich die Gruppe in einem Kreis zusammen und der Gruppenleiter fragt die einzelnen Teilnehmer, welche Rolle sie in der zu besprechenden Übung gespielt haben (zum Beispiel: den Organisator, den Mitläufer, den Stillen, den Diskutierer, den Helfer, den Optimisten oder Pessimisten). Danach fragt der Spielleiter, ob das auch die gleiche Rolle sei, die sie zu Hause einnehmen würden.

Variationen:

(1) Wenn ein Spiel besprochen wurde, kann nach der Diskussion der Rollen dasselbe Spiel mit der Aufgabe, dass jeder die entgegengesetzte seiner vorherigen Rolle einnimmt, wiederholt werden.

(2) Wenn es den Teilnehmern schwer fällt, ihre eigenen Rollen zu erklären, kann man ihnen Symbole als Hilfsmittel geben, zum Beispiel: »Mit welchem Teil eines Baumes könntest du deine Rolle im letzten Spiel vergleichen: mit Blättern, den Adern der Blätter, Chlorophyll, Ästen, Zweigen, Wurzeln, der Rinde, dem Stamm,… und warum?« oder »Mit welchem Tier könntest du dich vergleichen?«.

(3) Man kann die gleiche Übung aber auch als Vorbesprechung benutzen, indem der Gruppenleiter den Teilnehmern die Aufgabe stellt, in der nächsten Aktivität darauf zu achten, welche Rolle sie vertreten werden.

Erfahrungen: Schon nach verhältnismäßig kurzer Zeit kommt es in Gruppen zu einer Differenzierung der Rollen ihrer Mitglieder und zu Rangunterschieden hinsichtlich der meist unabhängig beurteilten Attribute der Tüchtigkeit und Beliebtheit sowie besonders zur Ausgliederung einer Führerrolle. Dieses Spiel eignet sich gut für das Erkennen des eigenen Rollenverständnisses. In der Diskussion darüber kann aber auch durch die Kommentare der anderen Gruppenmitglieder eine Einsicht darüber erlangt werden, wie man auf andere wirkt. Es bleibt dann zu klären, ob eine bestimmte Rolle nur in dem zu besprechenden Spiel eingenommen wurde (wenn ja, warum; was waren die Kennzeichen dieses Spiels?) oder ob es ein grundsätzliches Verhaltensmuster dieser Person ist.

# Hot Seat

Ziel: Kennenlernen der Wirkung der eigenen Person auf andere

Teilnehmer: 6–10

Alter: ab 15 Jahre

Material: pro Teilnehmer ein Stift und ein DIN A4-Papier

Beschreibung: Der Spielleiter schreibt auf jeden Zettel in die linke obere Ecke je einen Namen der Teilnehmer. So hat er am Schluss pro Person einen Zettel mit deren Namen darauf vor sich liegen. Er legt die Blätter mit der Schrift nach unten auf den Boden und bittet die Teilnehmer, sich je eines zu nehmen. Zu der Person, deren Namen auf dem Papier steht, soll er einen kurzen Kommentar schreiben. Diese Bemerkung soll konstruktiv, kann jedoch sowohl positiv als auch negativ sein. Sie sollte aussagen, wie der Betreffende auf die schreibende Person wirkt bzw. ein Anstoß sein, wie er sein bisheriges Verhalten verändern oder verbessern könnte. Nachdem die erste Person ihren Kommentar auf den Zettel geschrieben hat, faltet sie das Papier so, dass das Geschriebene verdeckt ist und reicht den Zettel an ihren rechten Nachbarn weiter. Dieser schreibt seine Bemerkung dazu und gibt den Zettel nach rechts weiter.

Zum Schluss bekommt jeder Teilnehmer den Zettel mit seinem Namen, auf den alle anderen ihre Kommentare geschrieben haben.

Variationen: Diese Übung kann bei älteren Teilnehmern auch mündlich stattfinden. Voraussetzung hierfür ist, dass jedes Gruppenmitglied bereit ist, sich zu jeder Person zu äußern. Es wird immer nur ein Mitglied zur gleichen Zeit besprochen. Wenn alle Teilnehmer ihren Kommentar zu dieser Person abgegeben haben, kann diese Fragen bezüglich der Punkte, die sie nicht verstanden hat, stellen. Danach wird das nächste Gruppenmitglied behandelt.

Erfahrungen: Der Spielleiter sollte es dem einzelnen Teilnehmer freistellen, ob er seinen Kommentar unterzeichnen will oder nicht. Meistens sind die Äußerungen, vor allem bei jüngeren Teilnehmern, ehrlicher, wenn sie anonym bleiben dürfen.

Es ist nicht sinnvoll, den »Hot Seat« am Anfang zu spielen. Dieses Spiel eignet sich vor allem für Gruppen, die schon länger bestehen, da nicht aufgrund des »ersten Eindrucks« geurteilt wird, sondern aufgrund gemeinsam gemachter Erfahrungen.

Der »Hot Seat« stellt einen guten Gegensatz zu der Übung »Teamarbeit« dar. Es ist daher ideal, den »Hot Seat« nach der »Teamarbeit« zu spielen. So übt der Einzelne erst Selbstkritik und bekommt danach das Feedback der Gruppe.

# Gedachte Geschenke

Ziel: Aufbau von Vertrauen; positives Feedback; Lernen, Komplimente und Vorschläge zu machen und zu akzeptieren

Teilnehmer: mindestens 6

Alter: ab 16 Jahre

Material: eine Tafel und für jeden Teilnehmer ein Stück Kreide; falls nicht vorhanden: pro Teilnehmer einen Stift und mehrere Zettel Papier

Beschreibung: Wenn eine Tafel vorhanden ist:

Der Gruppenleiter schreibt jeden Namen der Teilnehmer mit einer eigenen Spalte an die Tafel. Alle Gruppenmitglieder können nun an die Tafel gehen und gedachte Geschenke in die Spalten der anderen Teilnehmer schreiben. Diese Geschenke sollten immaterielle Geschenke sein, von denen man überzeugt ist, dass der Betreffende sie besitzen möchte oder sollte.

Beispiel: »Ich schenke dir meine Anerkennung für deine Geduld.«

Wenn keine Tafel vorhanden ist:

Jeder schreibt seinen Namen auf fünf Zettel. Diese werden in einem Hut oder auf einem Teller eingesammelt: Jeder Teilnehmer zieht fünf Zettel und schreibt seine Geschenke für die Personen, die auf den Zetteln stehen, darauf. Auf ein Zeichen hin werden die Geschenke überreicht. Wenn es gewünscht wird, können sie vorgelesen werden.

Variationen: –

Erfahrungen: Auch für dieses Spiel müssen sich die Teilnehmer relativ gut kennen. Man kann diese Übung während eines Kurses oder einer Maßnahme öfters spielen und dabei diskutieren, ob und inwiefern die Geschenke den Bedürfnissen der Empfänger mit der Zeit gerecht werden.

# Vernissage

Ziel: Reflexion des Seminars; Verarbeitung und Vertiefung der Lerninhalte

Teilnehmer: 8–16

Alter: ab 10 Jahre

Material: Flipcharts, Stifte

Beschreibung: Die Gruppe teilt sich in Kleingruppen von ca. 4–5 Personen auf. Jede Kleingruppe malt auf Flipchart ein Bild davon, wie sie das Seminar erlebt hat. Dafür stehen ihr 45 Minuten zur Verfügung. Die Bilder werden aufgehängt. Während die Künstler zuerst Schweigepflicht haben, fragt der Seminarleiter die andern Teilnehmer, was sie auf dem jeweiligen Bild sehen und wie sie es deuten würden. Danach können die Künstler Stellung nehmen.

Variationen: Diese Übung kann auch als Collagenarbeit mit Zeitschriften und Postkarten durchgeführt werden

Erfahrungen: Über den Umweg »Die anderen haben vielleicht damit … gemeint, …« können eigene Gedanken, die man eventuell sonst nicht geäußert hätte, in den Raum gestellt werden.

# Visionscollage

Ziel: Nachdenken über das Seminar hinaus in die Zukunft

Teilnehmer: 5–15

Alter: ab 16 Jahre

Material: Flipcharts, Illustrierte, Stifte

Beschreibung: Aufgabe der Teilnehmer ist es, in Kleingruppen eine Collage erstellen. Die Collage hat das Thema »In zehn Jahren…«.

Dabei können wahlweise folgende Aspekte gewählt werden: ich/unsere Gruppe/unsere Firma/unsere Kunden/unsere Welt. Es ist auch möglich verschiedene Bereiche auf der Flipchart für die einzelnen Punkte zu reservieren. Die Flipcharts werden anschließend präsentiert und diskutiert.

Variationen: –

# Bravo

| | |
|---|---|
| Ziel: | Stärkung des Gemeinschaftsgefühls; Abschluss einer Aktivität |
| Teilnehmer: | mindestens 8 |
| Alter: | ab 10 Jahre |
| Material: | – |
| Beschreibung: | Die Teilnehmer gehen in einem Kreis in die Hocke und legen ihre Arme über die Schultern ihrer Nachbarn. Ein Gruppenmitglied gibt das »Br« von »Bravo« an seinen rechten Nachbarn weiter, dieser wiederum an die Person, die rechts neben ihm sitzt.<br><br>Das dauert so lange, bis der gesamte Kreis »Br« gesagt hat. Sobald das geschehen ist, springt die Gruppe auf einmal hoch und schreit »Bravo!«. |
| Variationen: | – |
| Erfahrungen: | Dieses Spiel kann als Ausdruck des Dankes oder als Abschluss eines Programmes benutzt werden. Neben dem Vergnügen, das es bereitet, gibt es den Teilnehmern das Gefühl einer positiv erfahrenen Gemeinschaft. |

# Anmerkungsverzeichnis

1 K. Hahn Erziehung zur Verantwortung. Klett-Cotta. Stuttgart 1958, S. 74

2 K. Hahn: Erziehung und die Krise der Demokratie. Reden, Aufsätze, Briefe eines politischen Pädagogen. Michael Knoll (Hrsg.). Klett-Cotta. Stuttgart 1986. S. 12

3 Vgl. K. Schwarz: Die Kurzschulen Kurt Hahns. Ihre pädagogische Theorie und Praxis. Reihe Heidelberger Studien zur Erziehungswissenschaft. A. Henn Verlag. Ratingen 1968. S. 40f.

4 Vgl. K. Schwarz: Die Kurzschulen Kurt Hahns. a.a.O., S. 41f.

5 Vgl. Outward Bound (Hrsg.): Outward Bound – Persönlichkeitsbildung durch Erlebnispädagogik – Berichte und Materialien 5/88. DGfE. München1988. S. 5

6 Vgl. Outward Bound (Hrsg.): Outward Bound – Persönlichkeitsbildung durch Erlebnispädagogik – Berichte und Materialien 5/88. a.a.O., S. 5

7 Vgl. Outward Bound (Hrsg.): Outward Bound – Persönlichkeitsbildung durch Erlebnispädagogik – Berichte und Materialien 5/88. a.a.O., S. 5

8 W. Eichinger: City Bound – Erlebnispädagogik in der Stadt. ZIEL-Verlag. Augsburg (ehem. Verlag Dr. Jürgen Sandmann. München) 1995

9 F. H. Paffrath (Hrsg.): Zu neuen Ufern. Internationaler Kongress erleben und lernen. Dr. Jürgen Sandmann. Alling 1998

10 C. Schödlbauer; F. H. Paffrath; W. Michl (Hrsg.): Metaphern – Schnellstraßen, Saumpfade und Sackgassen des Lernens. Internationaler Kongress »erleben und lernen«. ZIEL-Verlag. Augsburg 1999

11 H. Altenberger; P. Schettgen; M. Scholz (Hrsg.): Innovative Ansätze konstruktiven Lernens. ZIEL-Verlag. Augsburg 2003

12 A. Ferstl; P. Schettgen; M. Scholz (Hrsg.): Vom Nutzen des Nachklangs. Neue Wege der Transfersicherung bei handlungs- und erfahrungsorientierten Lernprojekten. ZIEL-Verlag. Augsburg 2004

13 A. Ferstl; M. Scholz; Chr. Thiesen (Hrsg.): Menschen stärken für globale Verantwortung. ZIEL-Verlag. Augsburg 2008

14 P. Schettgen; A. Ferstl; B. Bous (Hrsg.): Einmischen possible! Die gesellschaftspolitische Dimension der Erlebnispädagogik. ZIEL-Verlag. Augsburg 2018

15 K. Rothmeier: Qualitätsentwicklung und Zertifizierung in der Erlebnispädagogik. In: Handbuch Erlebnispädagogik. Michl, W.: Seidel, H. (Hrsg.) Ernst Reinhardt. München 2018, S. 354-360

16 H. Seidel: Berufsbild Erlebnispädagoge/Erlebnispädagogin. In: Handbuch Erlebnispädagogik. Michl, W.: Seidel, H. (Hrsg.) Ernst Reinhardt. München 2018, S. 368-371

17 M. Scholz: Erlebnispädagogische Ausbildung an Hochschulen. In: Michl, W.; Seidel, H. (Hrsg.): Handbuch Erlebnispädagogik. Ernst Reinhardt. München 2018, S. 372-378 – A. Helfrich: Erlebnispädagogische Ausbildung in der Praxis. In: Michl, W.; Seidel, H. (Hrsg.): Handbuch Erlebnispädagogik. Ernst Reinhardt. München 2018, S. 379-382

18 A. Reiners: Erlebnis und Pädagogik, ZIEL-Verlag. Augsburg 1995, S. 17ff.

19 Vgl. B. Heckmair; W. Michl: Erleben und Lernen: Einstieg in die Erlebnispädagogik. Neuwied/Kriftel/Berlin 1998, S. 75 – B. Heckmair; W. Michl: Erleben und Lernen: Einführung in die Erlebnispädagogik. 8. Auflage. Ernst Reinhardt. München 2018, S. 108

20 Vgl. u. a.: F. H. Paffrath, Einführung in die Erlebnispädagogik. 2. Aufl. ZIEL-Verlag. Augsburg 2018, S. 21

21 R. Gilsdorf: Abenteuer Schule. ZIEL-Verlag. Augsburg 1999, S. 24ff.

22 R. Gilsdorf: Abenteuer Schule, a.a.O., S. 31ff.

23 St. Bacon: Die Macht der Metaphern. The conscious Use of Metaphor in Outward Bound. ZIEL-Verlag. Augsburg 1998 und A. Reiners: Erlebnis und Pädagogik, a.a.O., S. 64ff.

24 Vgl. zur Reflexion: J. Friebe: Reflexion im Training. Aspekte und Methoden der modernen Reflexionsarbeit. 2. Auflage. managerSeminare. Bonn 2012 – Zur modernen Erlebnispädagogik: R. Baig-Schneider: Die moderne Erlebnispädagogik. Geschichte, Merkmale und Methodik eines pädagogischen Gegenkonzepts. ZIEL-Verlag. Augsburg 2012

25 F. Kreckl: Miteinander etwas tun – sozialpsychologische Hinweise zur Erlebnispädagogik. In: Jugendschutz heute. Fachzeitschrift für Jugendschutz (1990) Nr. 2., S. 24f.

26 Vgl. M. Weinholz: Freiluftleben. Eine erlebnispädagogische Lebensphilosophie und ihre Chancen bei der Entwicklung junger Menschen. Schriftreihe »Schriften – Studien – Dokumente« Band 5. Klaus Neubauer. Lüneburg 1989. S. 17f.

27 Vgl. D. Fischer; U. Klawe; H.-J. Thiese (Hrsg.): (Er-)leben statt Reden. Juventa. Weinheim/München 1985, S. 37ff.

28 Vgl. U. Petring: Frauen in der Erlebnispädagogik. In: Jugendschutz heute. Fachzeitschrift für Jugendschutz (1990) Nr. 2. S. 11

29 Vgl. M. Weinholz: Freiluftleben. a.a.O.

30 Vgl. H. G. Bauer: Erlebnis- und Abenteuerpädagogik. Eine Literaturstudie. Personalwissenschaftlicher Fachverlag. Großhesselohe 1984. S. 53

31 Vgl. H. G. Bauer: Erlebnis- und Abenteuerpädagogik. a.a.O., S. 55 – A. Boeger; Th. Schut (Hrsg.): Erlebnispädagogik in der Schule – Methoden und Wirkungen. Logos, Berlin 2005

32 Vgl. D. Soitzek; P. Weinberg; J. Ziegenspeck: Segelschiff »Thor Heyerdahl« – Eine schwimmende Jugendbildungsstätte. Schriftenreihe »Kleine Schriften zur Erlebnispädagogik« Heft 3. Klaus Neubauer. Lüneburg 1988

33 Vgl. S. Genovés: Die Arche Alcali. Sechs Frauen und fünf Männer vier Monate auf einem Floß über den Atlantik – das größte Gruppenexperiment der modernen Verhaltensforschung. Scherz. München/Bern 1976

34 »erlebnistage« mit den Standorten Bayerischer Wald, Vogelsberg, Harz, Schweriner See – Ein Angebot der Gesellschaft zur Förderung der Erlebnispädagogik e.V.

35 K. Germonprez: Erlebnispädagogik und Schule: Vielfalt erleben. Vandenhoeck & Ruprecht. Göttingen 2018, K. Minkner: Erlebnispädagogik im Klassenzimmer: Praktische Übungen zur Wissensvermittlung. ZIEL-Verlag. Augsburg 2014, A. Vent-Schmidt: Erlebnispädagogik in der Schule: Die Konzeption erlebnispädagogischer Unterrichtsstunden und Projekte. Diplomica Verlag. Hamburg 2014, M. Weber: Erlebnispädagogik in der Grundschule. Ernst Reinhardt. München 2017 u.a.

36 G. Harder: »Ich kann was!« Erlebnispädagogik für geistig Behinderte. In: Jugendschutz heute. Fachzeitschrift für Jugendschutz (1990) Nr. 2, S. 14f.

37 Vgl. H. G. Bauer: Erlebnis- und Abenteuerpädagogik. a.a.O., S. 41

38 Vgl. W. Maier: Die Bedeutung des Erlebnisses für die soziale Arbeit. Unveröffentlichte Diplomarbeit, Fachhochschule München 1986, S. 75 – vgl. heute: www.outlaw-diestiftung.de

39 Vgl. H. G. Bauer; W. Nickolai (Hrsg.): Erlebnispädagogik in der sozialen Arbeit. Schriftenreihe »Schriften – Studien – Dokumente zur Erlebnispädagogik« Band 6. Klaus Neubauer. Lüneburg1989, S. 18

40 Süddeutsche Zeitung 30./31.3./1.4.02: Bildung und Beruf – Canyon-Trips für Abteilungsleiter

41 B. Heckmair: Konstruktiv lernen. Projekte und Szenarien für erlebnisintensive Seminare und Workshops. 2., neu ausgestattete Auflage. Beltz Verlag. Weinheim/Basel 2005

42 Vgl. A. Ferstl; P. Schettgen; M. Scholz (Hrsg.): Vom Nutzen des Nachklangs. Neue Wege der Transfersicherung bei handlungs- und erfahrungsorientierten Lernprojekten. ZIEL-Verlag. Augsburg 2004

43 F. H. Paffrath; A. Salzmann; M. Scholz (Hrsg.): Wissenschaftliche Forschung in der Erlebnispädagogik. ZIEL-Verlag. Augsburg 1999 oder M. Jagenlauf; H. Bress: Wirkungsanalyse Outward Bound. Kurzbericht Teil 1. In: Outward Bound. Deutsche Gesellschaft für europäische Erziehung e. V. (Hrsg.): Erlebnispädagogik – Berichte und Materialien 6/88 oder H. A. Mitchell; M. J. Mitchell: A Study of Selfconcept over a two year Period: Possible Effects of an intervening Outward Bound Course. Report 2: Final Report – Impacts of the Course. Mitchell Research. Nelson1988

44 A. Muff; H. Wünsch: Stress gezielt bewältigen. Aufgaben, Ziele und erfahrungsorientierte Methoden in der Polizeiausbildung. In: Ferstl, A./Scholz, M./Thiesen, Chr. (Hrsg.): Erlebnispädagogik zwischen Pragmatismus und Persönlichkeitsbildung. Augsburg: ZIEL 2006, S. 203-223

45 K. Mehl; M. Wolf: Erfahrungsorientiertes Lernen in der Psychotherapie. Hrsg. vom Institut für Erfahrungslernen. Bodnegg 2006

46 A. Boeger: Angewandte Erlebnispädagogik in Deutschland: Evaluation eines project adventure Programms In: Boeger, A.; Schut, Th. (Hrsg.): Erlebnispädagogik in der Schule – Methoden und Wirkungen. Logos. Berlin 2005, S. 67-90

47 Th. Eberle: Lernen im Outdoor-Training. Effekte auf Selbstkonzept und Teamkompetenz im hochschuldidaktischen Kontext (Habilitationsschrift). München: Ludwig-Maximilians-Universität, Fakultät für Psychologie und Pädagogik 2008 – J. Fengler: Erlebnispädagogik und Selbstkonzept. Eine Evaluationsstudie. 2. Auflage. Logos. Berlin 2009 – St. Markus; Th. Eberle; J. Fengler: Kopf, Herz und Hand: Ein empirischer Blick auf zentrale Dimensionen erlebnispädagogischer Lernprozesse. In: Schettgen, P.; Fengler, J.; Ferstl, A. (Hrsg.): Erfolgreiche Erlebnispädagogik gestalten! Nachspüren – Querdenken – Mitmachen. ZIEL-Verlag. 2016, S. 72-85

48 Vgl. M. Schwiersch: Erlebnispädagogische Aktionen als Chance zur Persönlichkeitsentwicklung. In: Jugendschutz heute. Fachzeitschrift für Jugendschutz (1990) Nr. 2.

49 K. Schwarz: Die Kurzschulen Kurt Hahns. a.a.O., S. 200

50 St. Bacon: Die Macht der Metaphern. The Conscious Use of Metaphor in Outward Bound. Übersetzt und eingeleitet von C. Schödlbauer. Sandmann Verlag. Alling 1998

51 S. Priest; M. Gass: Techniken der unterstützenden Prozeßbegleitung. In: Schödlbauer, C.; Paffrath, F. H.; Michl, W. (Hrsg.): Methaphern – Schnellstraßen, Saumpfade und Sackgassen des Lernens. ZIEL-Verlag. Augsburg 1999, S. 218

52 M. Gass: Book of Metaphors. Volume II. Dubuque/Iowa (USA): Kendall Hunt Publishing Company 1995

53 Vgl. J. Hovelynck: Jenseits von Didaktik. Auf der Suche nach der verlorenen Erfahrung. In: Paffrath, F. H.; Ferstl, A. (Hrsg.): Hemmungslos erleben? Horizonte und Grenzen. ZIEL-Verlag. Augsburg 2001 oder B. Heckmair: Konstruktiv lernen. Projekte und Szenarien für erlebnisintensive Seminare und Workshops. Beltz Verlag. Weinheim/Basel 2000 oder W. Maier: Die Bedeutung des Erlebnisses in der sozialen Arbeit, a.a.O.

54 J. Hovelynck: Jenseits von Didaktik, a.a.O., S. 144

55 R. Besser: Transfer: Damit Seminare Früchte tragen. Weinheim und Basel: Beltz Verlag 2001, S. 179ff.

56 A. M. Rose: Systemische Zusammensetzung der Theorie der symbolischen Interaktion. In: Hartmann, Heinz (Hrsg.): Moderne amerikanische Soziologen. 3. Auflage. Enke. Stuttgart 1973, S. 219 bzw. Jürgen Sandmann: Professionelle Interaktion und Persönlichkeit. Sozialwissenschaftliche und pädagogische Anmerkungen zum Problem der menschlichen Entfremdung in institutionalisiertem Rollenhandeln. Unveröffentlichte Inaugural-Dissertation zur Erlangung des akademischen Grades des Doktors in den Erziehungswissenschaften an der pädagogischen Hochschule. Westfalen-Lippe 1979, S. 20

57 Vgl. F. Kreckl: Miteinander etwas tun – sozialpsychologische Hinweise zur Erlebnispädagogik. a.a.O., S. 20

58 Vgl. J. Habermas: Technik und Wissenschaft als »Ideologie«. Suhrkamp. Frankfurt 1968, S. 62

59 Vgl. J. Fritz: Methoden des sozialen Lernens. Juventa. München 1977, S. 7

60 Vgl. D. Ulich: Pädagogische Interaktionen. Theorien erzieherischen Handelns und sozialen Lernens. 2. Auflage. Beltz. Weinheim/Basel 1979, S. 161

61 H. Gudjons: Praxis der Interaktionserziehung. Schriften zur Beratung und Therapie im Raum der Schule und der Erziehung. Julius Klinkhardt. Bad Heilbrunn/Obb. 1987, S. 27

62 Vgl. H. Müller: Sozialpsychologie. Zugänge – Brennpunkte – Aufgaben. Kösel. München 1977, S. 45

63 Vgl. K. W. Vopel: Handbuch für Gruppenleiter. Zur Theorie und Praxis der Interaktionsspiele. Lebendiges Lernen und Lehren Band 8. 4. Auflage. Isko-Press. Hamburg 1984, S. 27

64 Vgl. D. Ulrich: Pädagogische Interaktion. a.a.O., S. 161

65 Vgl. H. Gudjons: Praxis der Interaktionserziehung. a.a.O., S. 24

66 Vgl. H. Prior: Soziales Lernen. Pädagogischer Verlag Schwann. Düsseldorf 1976, S. 48ff.

67 Vgl. H. Prior: Soziales Lernen. a.a.O., S. 53-149

68 Vgl. H. Prior: Soziales Lernen. a.a.O., S. 160

69 Vgl. H. Prior: Soziales Lernen. a.a.O., S. 186

70 Vgl. H. Prior: Soziales Lernen. a.a.O., S. 212

71 Kriterien eines guten Feedbacks bei J. Fritz: Modelle des sozialen Lernens. a.a.O., S. 128-131

72 J. Fritz: Modelle des sozialen Lernens. a.a.O., S. 125

73 Vgl. A. M. Däumling, u. a.: Angewandte Gruppendynamik. Selbsterfahrung. Forschungsergebnisse. Trainingsmodelle. Stuttgart: Ernst-Klett-Verlag 1974, S. 40f.

74 Vgl. H. Prior: Soziales Lernen. a.a.O., S. 221-318

75 Vgl. H. Prior: Soziales Lernen. a.a.O., S. 323-374

76 Vgl. K. Lewin: Grundzüge einer topologischen Psychologie. Huber. Bern/Stuttgart/Wien 1969, S. 44 und vgl. Kurt Lewin: Der Übergang von der aristotelischen zur galileischen Denkweise in Biologie und Psychologie. Darmstadt 1971, S. 34

77 W. Schleske: Abenteuer – Wagnis – Risiko im Sport. Struktur und Bedeutung in pädagogischer Sicht. Karl Hofmann. Schorndorf 1977, S. 9

78 Vgl. H. Gudjons: Praxis der Interaktionserziehung. a.a.O., S. 28

79 K. W. Vopel: Handbuch für Gruppenleiter. a.a.O., S. 2

80 Ulrich Baer: Wörterbuch der Spielpädagogik. Lenoz Verlag und Z-Verlag. Basel 1981, S. 96

81 Vgl. H. Gudjons, Praxis der Interaktionserziehung. a.a.O., S. 31f.

82 Vgl. K. W. Vopel: Handbuch für Gruppenleiter. a.a.O., S. 2

83 Vgl. H. Gudjons, Praxis der Interaktionserziehung. a.a.O., S. 29

84 Genauere Spielbeschreibung bei H. Gudjons: Praxis der Interaktionserziehung. a.a.O., S. 69f.

85 Genauere Spielbeschreibung bei K. W. Vopel: Interaktionsspiele für Jugendliche Teil 2. Lebendiges Lernen und Lehren Band 21. Isko-Press. Hamburg 1981, S. 11

86 K. Horn: Gruppendynamik und der subjektive Faktor, S. 8

87 Vgl. H. Prior: Soziales Lernen. a.a.O., S. 326

88 Vgl. H. Prior: Soziales Lernen. a.a.O., S. 326ff.

89 Vgl. N. Spiegler: Das Leben spielen. 2. Auflage. Mohn. Gütersloh 1979, S. 180f.

90 B. Melzer-Lena: Jugend 90 – Die Jagd nach dem Überreiz. In: Mitteilungen das Landesjugendamtes Landschaftsverband Westfalen-Lippe (1990) Nr. 102, S. 33

91 P. Weinberg: Erlebnispädagogik auf der »Thor Heyerdahl« – einige engagiert einführende und kritische Bemerkungen. In: Soitzek, D.; Weinberg, P.; Ziegenspeck, J.: Segelschiff »Thor Heyerdahl« – Eine Schwimmende Jugendbildungsstätte. Schriftenreihe. a.a.O., S. 8

92 W. Schleske: Abenteuer – Wagnis – Risiko, a.a.O., S. 16

93 H. Prior: Soziales Lernen, a.a.O., S. 325

94 K. Hahn: Rückblick. Rundfunkvortrag am 22.10.1950 (BBC London). In: Die Sammlung (Göttingen). 8. Jahrgang (1935). Heft 12, S. 573

95 K. Hahn: Erziehung zur Verantwortung. Klett-Cotta. Stuttgart 1958, S. 16

96 M. Calmbach, P. Thomas, I. Borchard, B. Flaig: Wie ticken Jugendliche? Sinus-Milieustudie U27, Haus Altenberg. Düsseldorf 2012

97 Bundesministerium des Innern (Hrsg.): Polizeiliche Kriminalstatistik 2011. Eigenverlag der Bundesregierung. Berlin 2012

98 ebd.

99 Online-Befragung des Zentrums für empirische pädagogische Forschung der Universität Koblenz-Landau 2009

100 Bundeszentrale für gesundheitliche Aufklärung (BzgA): Der Alkoholkonsum Jugendlicher und junger Erwachsener in Deutschland 2010. Bundeszentrale für gesundheitliche Aufklärung (Eigenverlag). Köln 2011

101 Bundesinstitut für Arzneimittel und Medizinprodukte (BfArM): Verbrauchsstatistik Methylphenidat. Bundesopiumstelle. Bonn 2011

102 K. Klemm: Jugendliche ohne Hauptschulabschluss. Analysen – Regionale Trends – Reformansätze. Studie im Auftrag der Bertelsmann-Stiftung. Gütersloh 2008

103 Vgl. J. Ziegenspeck: Erlebnispädagogik. Grundsätzliche Anmerkungen und ein Literaturbericht zu einer praktischen Wissenschaft und wissenschaftlichen Praxis. In: Waltraud Neubert: Das Erlebnis in der Pädagogik. Schriftenreihe »Schriften – Studien – Dokumente zur Erlebnispädagogik« Band 7. Klaus Neubauer. Lüneburg 1990, S. 81

104 D. Baacke: Jugend und Jugendkulturen. Darstellung und Deutung. Juventa. Weinheim/Basel 1987, S. 88

105 D. Baacke: Jugend und Jugendkulturen, a.a.O., S. 103f.

106 Vgl. D. Baacke: Jugend und Jugendkulturen, a.a.O., S. 99

107 Dieser Begriff stammt von einem Zeitgenossen Hahns: Gustav Adolph Wyneken.

108 Vgl. auch F. H. Paffrath, Einführung in die Erlebnispädagogik. ZIEL-Verlag 2. Aufl. 2017, S. 212-220 – Bundesverband Individual- und Erlebnispädagogik e. V.: Berufsbild, Internet)

109 W. Dewald: »Beim nächsten mal voll reinhauen?« zur Verknüpfung von erlebnispädagogischen und ökologischen Ansätzen, In : Jugendschutz heute. Fachzeitschrift für Jugendschutz (1990) Nr. 2. S. 12-14

# Literaturverzeichnis

Abresch, J.: Konkurrenz im Spiel, Spiele ohne Konkurrenz. 50 Spielvorschläge, 70 Seiten Theorie. 6. Auflage. Mondsteinverlag. Pohlheim Dorf Güll 1984

Altenberger, H.; Schettgen, P.; Scholz M. (Hrsg.): Innovative Ansätze konstruktiven Lernens.

ZIEL-Verlag. Augsburg 2003

Altendorf, H.: Berthold Otto. Ein Wegbereiter der modernen Erlebnispädagogik? ZIEL-Verlag. Augsburg 2001

Antons, K.: Praxis der Gruppendynamik: Übungen und Techniken. 9., aktualisierte Auflage. Hogrefe-Verlag. Göttingen 2011

Argyle, M.: Soziale Interaktion. Kiepenheuer & Witsch. Köln 1972

Baacke, D.: Jugend und Jugendkulturen: Darstellung und Deutung. 5. Auflage. Juventa. Weinheim 2007

Bacon, St: Die Macht der Metaphern. The Conscious Use of Metaphor in Outward Bound. Übersetzt und eingeleitet von C. Schödlbauer. Sandmann Verlag. Alling 1998

Baer, U.: Wörterbuch der Spielpädagogik. Lenoz Verlag und Z-Verlag. Basel 1981

Baig-Schneider, R.: Die moderne Erlebnispädagogik. Geschichte, Merkmale und Methodik eines pädagogischen Gegenkonzepts. ZIEL-Verlag. Augsburg 2012

Bauer, H. G.: Erlebnis- und Abenteuerpädagogik. Eine Literaturstudie. Personalwissenschaftlicher Fachverlag. Großhesselohe 1984

Bauer, H. G.: Erlebnispädagogik im Atomzeitalter. Oder: von Versuchen, den Bildungsbegriff zu erweitern. In: Bauer, H. G.; Nickolai, W. (Hrsg.): Erlebnispädagogik in der sozialen Arbeit. Schriftenreihe »Schriften – Studien – Dokumente zur Erlebnispädagogik« Band 6. Klaus Neubauer. Lüneburg 1989

Bauer, H. G.; Brater, M.; Büchele, U.: Erlebnispädagogik in der beruflichen Bildung. Erfahrungen aus dem Ford-Förderungsprogramm. Personalwissenschaftlicher Fachverlag. Großhesselohe 1984

Bauer, H. G.; Nickolai, W. (Hrsg.): Erlebnispädagogik in der sozialen Arbeit. Schriftenreihe »Schriften – Studien – Dokumente zur Erlebnispädagogik« Band 6. Klaus Neubauer. Lüneburg 1989

Bedacht, A.; Dewald, W.; Heckmair, B.; Michl, W.; Weis, K. (Hrsg.): Erlebnispädagogik: Mode, Methode oder mehr? Tagungsdokumentation des Forums Erlebnispädagogik: 1991, Baad/Kleinwalsertal. Verlag Fachhochschule Munchen, Fachbereich Sozialwesen 1992

Besser, R.: Transfer: Damit Seminare Früchte tragen: Strategien, Übungen und Methoden, die eine konkrete Umsetzung in die Praxis sichern. 3., neu ausgestattete Auflage. Beltz. Weinheim 2004

Boeger, A.; Schut, Th. (Hrsg.): Erlebnispädagogik in der Schule – Methoden und Wirkungen. Logos. Berlin 2005

Bolanz, H.-D.; Ferner, K.: Erlebnispädagogik und Therapie. Ein 14-tägiges Intensivprogramm mit Suizidgefährdeten in der Wüste. In: H. G. Bauer; W. Nickolai (Hrsg.): Erlebnispädagogik in der sozialen Arbeit. Schriftenreihe »Schriften – Studien – Dokumente zur Erlebnispädagogik« Band 6. Klaus Neubauer. Lüneburg 1989

Brunner, R; Zeltner, W.: Lexikon zur pädagogischen Psychologie und Schulpädagogik. Entwicklungspsychologie, Lehr- und Lernpsychologie, Unterrichtspsychologie, Erziehungspsychologie, Methoden der pädagogischen Psychologie, Methodik, Didaktik, Curriculumtheorie. Reinhardt. München 1980

Clarke, J.; Honneth, A. (Hrsg.): Jugendkultur als Widerstand. 2. Auflage. Syndikat. Frankfurt am Main 1981

Däumling, A. M., u. a.: Angewandte Gruppendynamik. Selbsterfahrung. Forschungsergebnisse. Trainingsmodelle. Ernst-Klett-Verlag. Stuttgart 1974

Doll, M.: Erlebnispädagogik als eine Methode bei der Arbeit mit benachteiligten Jugendlichen. In: Jugendschutz heute. Fachzeitschrift für Jugendschutz. (1990) Nr. 2. S. 4-7

dtv Brockhaus Lexikon, Band 2: Aug – Bop. F. A. Brockhaus GmbH. Mannheim und Deutscher Taschenbuch Verlag GmbH & Co.KG. München 1988

Eberle, Th.: Lernen im Outdoor-Training. Effekte auf Selbstkonzept und Teamkompetenz im hochschuldidaktischen Kontext (Habilitationsschrift). München: Ludwig-Maximilians-Universität, Fakultät für Psychologie und Pädagogik 2008

Eichinger W.: City Bound – Erlebnispädagogik in der Stadt. ZIEL-Verlag. Augsburg 1995

Fengler, J.: Erlebnispädagogik und Selbstkonzept. Eine Evaluationsstudie. 2. Auflage. Logos. Berlin 2009

Ferstl, A.; Schettgen, P.; Scholz, M. (Hrsg.): Vom Nutzen des Nachklangs. Neue Wege der Transfersicherung bei handlungs- und erfahrungsorientierten Lernprojekten. ZIEL-Verlag. Augsburg 2004

Ferstl, A.; Scholz, M.; Thiesen, Chr. (Hrsg.): Menschen stärken für globale Verantwortung. ZIEL-Verlag. Augsburg 2008

Fischer. A.; Fuchs, W.; Zinnecker, J.: Jugendliche + Erwachsene '85 Band 2. Freizeit und Jugendkultur. Jugendwerk der Deutschen Shell. Leske und Budrich. Leverkusen 1985

Fischer, D.; Klawe, W.; Thiese, H.-J. (Hrsg.): (Er-)leben statt Reden. Juventa. Weinheim/München 1985

Flitner, A. (Hrsg.): Das Kinderspiel. 5. Auflage. R. Piper & Co. München 1988

Friebe, J.: Reflexion im Training. Aspekte und Methoden der modernen Reflexionsarbeit. 2. Auflage. managerSeminare. Bonn 2012

Fritz, J. (Hrsg.): Interaktionspädagogik. Juventa. München 1975

Fritz, J: Methoden des sozialen Lernens. Juventa. München 1977

Gass, M.: Book of Metaphors. Volume II. Kendall Hunt Publishing Company. Dubuque/Iowa (USA) 1995

Gelfan, E. M.: Spielen und Lernen. Eine Spielesammlung für Freizeit und Unterricht. Volk und Wissen Verlag. Berlin 1973

Genoves, S.: Die Arche Acali. Sechs Frauen und fünf Männer vier Monate auf einem Floß über den Atlantik – das größte Gruppenexperiment der modernen Verhaltensforschung. Scherz. München/Bern 1976

Germonprez, K.: Erlebnispädagogik und Schule: Vielfalt erleben. Vandenhoeck & Ruprecht. Göttingen 2018

Giffei, H.: Martin Lurseke. Ein Wegbereiter der modernen Erlebnispädagogik. Klaus Neubauer. Lüneburg 1987

Gilsdorf, R.; Kistner, G.: Kooperative Abenteuerspiele. Praxishilfe für Schule und Jugendarbeit. Kallmeyerische Verlagsbuchhandlung. Seelze-Velber 1995

Gilsdorf, R.; Kistner, G.: Kooperative Abenteuerspiele, Band 2: Praxishilfe für Schule, Jugendarbeit und Erwachsenenbildung. Seelze. Friedrich Verlag 2001

Gilsdorf R.; Volkert, K.: Abenteuer Schule. 2., überarbeitete Auflage, ZIEL-Verlag. Augsburg 2004

Goffmann, E.: Interaktion: Spaß am Spiel. Rollendistanz. Piper. München 1973

Gudjons, H.: Praxis der Interaktionserziehung. Schriften zur Beratung und Therapie im Raum der Schule und der Erziehung. Julius Klinkhardt. Bad Heilbrunn/Obb. 1987

Gudjons, H.: Spielbuch der Interaktionserziehung. Schriften zur Beratung und Therapie im Raum der Schule und Erziehung. 4. Auflage von »Praxis der Interaktionserziehung«. Julius Klinkhardt. Bad Heilbrunn/Obb. 1990

Habermas, J.: Technik und Wissenschaft als »Ideologie«. Suhrkamp. Frankfurt am Main 1968

Hahn, K.: Rückblick. Rundfunkvortrag am 22.10.1950 (BBC London). In: Die Sammlung (Göttingen). 8. Jahrgang (1935). Heft 12

Hahn, K.: Erziehung zur Verantwortung. Klett-Cotta. Stuttgart 1958

Hahn, K.: Erziehung und die Krise der Demokratie. Reden, Aufsätze, Briefe eines politischen Pädagogen. Michael Knoll (Hrsg.). Klett-Cotta. Stuttgart 1986

Harder, G.: »Ich kann was!« Erlebnispädagogik für geistig Behinderte. In: Jugendschutz heute. Fachzeitschrift für Jugendschutz (1990) Nr. 2. S. 14f.

Heckmair, B.: Konstruktiv lernen. Projekte und Szenarien für erlebnisintensive Seminare und Workshops. 2., neu ausgestattete Auflage. Beltz Verlag. Weinheim/Basel 2005

Heckmair, B.; Michl, W.: Erleben und Lernen: Einführung in die Erlebnispädagogik. 8., aktualisierte Auflage. Reinhardt. München 2018

Helfrich, A.: Erlebnispädagogische Ausbildung in der Praxis. In: Michl, W.; Seidel, H. (Hrsg.): Handbuch Erlebnispädagogik. Ernst Reinhardt. München 2018, S. 379-382

Hering, W.: Spieltheorie und pädagogische Praxis. Zur Bedeutung des kindlichen Spiels. Schwann. Düsseldorf 1979

Herrmann, U.: Jugend – Jugendprobleme – Jugendprotest. Kohlhammer. Stuttgart u. a. 1982

Herrmann, U.: Zum hundertsten Geburtstag von Kurt Hahn. In: Kurt Hahn. Erinnerungen – Gedanken – Aufforderung. Beiträge zum hundertsten Geburtstag des Reformpädagogen. Ziegenspeck, J. (Hrsg.). Schriftenreihe »Schriften – Studien – Dokumente zur Erlebnispädagogik« Band 2. Klaus Neubauer. Lüneburg 1987

Hillig, G.: Anton S. Marenko. Ein Wegbereiter der modernen Erlebnispädagogik? Klaus Neubauer. Lüneburg 1987

Hovelynck, J.: Jenseits von Didaktik. Auf der Suche nach der verlorenen Erfahrung. In: Paffrath, F. H.; Ferstl, A. (Hrsg.): Hemmungslos erleben? Horizonte und Grenzen. ZIEL-Verlag. Augsburg 2001, S. 136-153

Ibel, M.-S.; Reiners, A.: In Sorge für andere sich selbst finden. Ganzheitliche Erlebnispädagogik als Sozialtraining, Berufshilfe und Zukunftsberatung. In: Innovative Kompetenz. Modelle und Beispiele sozialpädagogischer Fachlichkeit. Sandmann, J. (Hrsg.). Fachhochschule München, Fachbereich Sozialwesen. München 1990

Jagenlauf, M.; Bress, H.: Wirkungsanalyse Outward Bound. Kurzbericht Teil 1. In: Outward Bound. Deutsche Gesellschaft für europäische Erziehung e.V. (Hrsg.). Erlebnispädagogik. – Berichte und Materialien 6/88

Jugendforschung in der Bundesrepublik. Ein Bericht des SINUS Institutes im Auftrag des Bundesministers für Jugend, Familie und Gesundheit. Leske und Budrich. Opladen 1984

Kettenbach, G.: Das Segelschiff – Ursymbol der Kirche. Therapie und Persönlichkeitsbildung durch Segeln. Ein Beitrag aus theologischer Sicht. Klaus Neubauer. Lüneburg 1985

Kluge, N.: Spielen und Erfahren. Der Zusammenhang von Spielerlebnis und Lernprozeß. Klinkhardt. Bad Heilbrunn/Obb. 1981

Koerrenz, R.: Hermann Lietz. Ein Wegbereiter der modernen Erlebnispädagogik? ZIEL-Verlag. Augsburg 2001

Kramer, H.: Soziales Handeln in der Jugendphase. Ein formal-pragmatischer Beitrag zu einer integrierten Jugendtheorie. Dt. Studienverlag. Weinheim 1989

Kreckl, F.: Miteinander etwas tun – sozialpsychologische Hinweise zur Erlebnispädagogik. In: Jugendschutz heute. Fachzeitschrift für Jugendschutz (1990) Nr. 2. S. 19-25

Lewin, K.: Grundzüge einer topologischen Psychologie. Huber. Bern/Stuttgart/Wien 1969

Lewin, K.: Der Übergang von der aristotelischen zur galileischen Denkweise in Biologie und Psychologie. Darmstadt 1971

Loewer, H.-D.: Die sozialpädagogische Übungsgruppe. Arbeitsbuch für die reflektierte Interaktion mit Benachteiligten unter Mitarbeit von Monika Freund und einer studentischen Projektgruppe. Alber. Freiburg 1975

Maier, W.: Die Bedeutung des Erlebnisses für die soziale Arbeit. Unveröffentlichte Diplomarbeit. München/ Aubing 1986

Markus, St,; Eberle, Th.; Fengler, J.: Kopf, Herz und Hand: Ein empirischer Blick auf zentrale Dimensionen erlebnispädagogischer Lernprozesse. In: Schettgen, P.; Fengler, J.; Ferstl, A. (Hrsg.): Erfolgreiche Erlebnispädagogik gestalten! Nachspüren – Querdenken – Mitmachen. ZIEL-Verlag. 2016, S. 72-85

Mehl, K.; Wolf, M.: Erfahrungsorientiertes Lernen in der Psychotherapie. Hrsg. vom Institut für Erfahrungslernen. Bodnegg 2006

Melzer-Lena, B.: Jugend 90 – Die Jagd nach dem Überreiz. In: Mitteilungen des Landesjugendamtes Landschaftsverband Westfahlen-Lippe (1990) Nr. 102

Michl, W.; Seidel, H. (Hrsg.): Handbuch Erlebnispädagogik. Ernst Reinhardt. München 2018

Minkner, K.: Erlebnispädagogik im Klassenzimmer: Praktische Übungen zur Wissensvermittlung. ZIEL-Verlag. Augsburg 2014

Mitchell, H. A.; Mitchell, M. J.: A Study of Selfconcept over a two year Period: Possible Effects of an intervening Outward Bound Course. Report 2: Final Report – Impacts of the Course. Mitchell Research. Nelson 1988

Müller, H.: Sozialpsychologie. Zugänge – Brennpunkte – Aufgaben. Kösel. München 1977

Muff, A./Wünsch, H.: Stress gezielt bewältigen. Aufgaben, Ziele und erfahrungsorientierte Methoden in der Polizeiausbildung. In: Ferstl, A./Scholz, M./Thiesen, Chr. (Hrsg.): Erlebnispädagogik zwischen Pragmatismus und Persönlichkeitsbildung. Augsburg: ZIEL-Verlag 2006, S. 203-223

Orlick, T.: Kooperative Spiele. Herausforderung ohne Konkurrenz. Beltz. Weinheim 1982

Orlick, T.: Neue kooperative Spiele. Mehr als 200 konkurrenzfreie Spiele für Kinder und Erwachsene. Beltz. Weinheim u. a. 1985

Orlick, T.: Zusammen spielen – nicht gegeneinander! 150 kooperative Spiele für Kinder. Verlag an der Ruhr. Mühlheim a. d. Ruhr 2007

Outward Bound (Hrsg.): Outward Bound – Persönlichkeitsbildung durch Erlebnispädagogik –. Berichte und Materialien 5/88. DGfE. München 1988

Outward Bound Königsburg (Werbefaltblatt)

Paffrath, F. H.: Einführung in die Erlebnispädagogik. 2. Auflage. ZIEL-Verlag. Augsburg 2017

Paffrath, F. H. (Hrsg.): Zu neuen Ufern. Dr. Jürgen Sandmann. Alling 1998

Paffrath, F. H.; Ferstl, A. (Hrsg.): Hemmungslos erleben? Horizonte und Grenzen. ZIEL-Verlag. Augsburg 2001

Paffrath, F. H.; Salzmann, A.; Scholz, M. (Hrsg.): Wissenschaftliche Forschung in der Erlebnispädagogik. ZIEL-Verlag. Augsburg 1999

Petring, U.: Frauen in der Erlebnispädagogik. In: Jugendschutz heute. Fachzeitschrift für Jugendschutz (1990) Nr. 2. S. 11f.

Priest, S.; Gass, M.: Techniken der unterstützenden Prozeßbegleitung. In: Schödlbauer, C.; Paffrath, F. H.; Michl, W. (Hrsg.): Metaphern – Schnellstraßen, Saumpfade und Sackgassen des Lernens. Internationaler Kongress »erleben und lernen«. ZIEL-Verlag. Augsburg 1999, S. 218-231

Prior, H. (Hrsg.): Soziales Lernen. Pädagogischer Verlag Schwann. Düsseldorf 1976

Reifarth, W.: Theorien menschlicher Interaktion und Kommunikation. Schriftenreihe: Arbeitshilfen, Band 14. Deutscher Verein für öffentliche und private Fürsorge. Frankfurt am Main 1976

Reiners, A.: Erlebnis und Pädagogik. ZIEL-Verlag. Augsburg (ehem. Verlag Dr. Jürgen Sandmann. Alling) 1995

Reiners, A.: Praktische Erlebnispädagogik: Neue Sammlung motivierender Interaktionsspiele. Fachhochschule, Fachbereich 11, Sozialwesen. München 1991

Röhrs, H. (Hrsg.): Das Spiel – Urphänomen des Lebens. Akademische Verlagsgesellschaft. Wiesbaden 1981

Rose, A.: Systematische Zusammenfassung der Theorie der symbolischen Interaktion. In: Moderne amerikanische Soziologien. Hartmann, H. (Hrsg.). 3. Auflage. Enke. Stuttgart 1973

Rothmeier, K.: Qualitätsentwicklung und Zertifizierung in der Erlebnispädagogik. In: Handbuch Erlebnispädagogik. Michl, W.: Seidel, H. (Hrsg.) Ernst Reinhardt. München 2018, S. 354-360

Sandmann, J. (Hrsg.): Innovation statt Resignation. Stichworte, Suchbewegungen, aktuelle Trends professioneller Jugendarbeit. Fachhochschule München, Fachbereich Sozialwesen. München 1989

Sandmann, J.: Professionelle Interaktion und Persönlichkeit. Sozialwissenschaftliche und pädagogische Anmerkungen zum Problem der menschlichen Entfremdung in institutionalisiertem Rollenhandeln. Unveröffentlichte Inaugural-Dissertation zur Erlangung des akademischen Grades des Doktors in den Erziehungswissenschaften an der pädagogischen Hochschule. Westfalen-Lippe 1979

Scheibe, W.; Tenorth, H.-E.: Die reformpädagogische Bewegung. Eine einführende Darstellung. Unveränderter Nachdruck der 10., erweiterten Auflage, 3. Auflage. Beltz. Weinheim 2010

Schettgen, P.; Ferstl, A.; Bous, B. (Hrsg.): Einmischen possible! Die gesellschaftspolitische Dimension der Erlebnispädagogik. ZIEL-Verlag. Augsburg 2018

Schleske, W.: Abenteuer – Wagnis – Risiko im Sport. Struktur und Bedeutung in pädagogischer Sicht. Karl Hofmann. Schorndorf 1977

Schödlbauer, C.; Paffrath, F. H.; Michl, W. (Hrsg.): Metaphern – Schnellstraßen, Saumpfade und Sackgassen des Lernens. Internationaler Kongress »erleben und lernen«. ZIEL-Verlag. Augsburg 1999

Scholz, M.: Erlebnispädagogische Ausbildung an Hochschulen. In: Michl, W.; Seidel, H. (Hrsg.): Handbuch Erlebnispädagogik. Ernst Reinhardt. München 2018, S. 372-378

Schwarz, K.: Die Kurzschulen Kurt Hahns. Ihre pädagogische Theorie und Praxis. Reihe Heidelberger Studien zur Erziehungswissenschaft. A. Henn Verlag. Ratingen 1968

Schwiersch, M.: Erlebnispädagogische Aktionen als Chance zur Persönlichkeitsentwicklung. In: Jugendschutz heute. Fachzeitschrift für Jugendschutz (1990) Nr. 2. S. 7-10

Seidel, H.: Berufsbild Erlebnispädagoge/Erlebnispädagogin. In: Handbuch Erlebnispädagogik. Michl, W.: Seidel, H. (Hrsg.) Ernst Reinhardt. München 2018, S. 368-371

Seidel, H.: Qualitätsgrundlagen erlebnispädagogischer Aus- und Weiterbildungen für Mitglieder des Bundesverband Individual- und Erlebnispädagogik e.V. (BE) 2012 – Internet: www.bundesverband-erlebnispaedagogik.de

Soitzek, D.; Weinberg, P.; Ziegenspeck, J.: Segelschiff »Thor Heyerdahl« – Eine schwimmende Jugendbildungsstätte. Schriftenreihe »Kleine Schriften zur Erlebnispädagogik« Heft 3. Klaus Neubauer. Lüneburg 1988

Sonntag, Ch.: Abenteuer Spiel 1. ZIEL-Verlag. Augsburg 2011

Spiegler, N.: Das Leben spielen. 2. Auflage. Mahn. Gütersloh 1979

Stair, N. In: The Challenge of Words. Outward Bound Trust of New Zealand. Wellington 1989

Ulich, D.: Pädagogische Interaktion. Theorien erzieherischen Handelns und sozialen Lernens. 2. Auflage. Beltz. Weinheim/Basel1979

Vent-Schmidt, A.: Erlebnispädagogik in der Schule: Die Konzeption erlebnispädagogischer Unterrichtsstunden und Projekte. Diplomica Verlag. Hamburg 2014

Vopel, K.: Handbuch für Gruppenleiter/innen: Zur Theorie und Praxis der Interaktionsspiele. 12. Auflage. Iskopress. Salzhausen 2006

Vopel, K.: Interaktionsspiele für Jugendliche. Teil 1 bis 4. Teil 1: 9. Auflage, Teil 2: 7. Auflage, Teil 3 und 4: Nachdruck. Iskopress. Salzhausen 2006 (Teil 1-3), 2008 (Teil 4)

Weber, M.: Erlebnispädagogik in der Grundschule. Ernst Reinhardt. München 2017

Weinberg, P.: Erlebnispädagogik auf der »Thor Heyerdahl« – Einige engagiert einführende und kritische Anmerkungen. In: Soitzek, D.; Weinberg, P.; Ziegenspeck, J.: Segelschiff »Thor Heyerdahl« – eine schwimmende Jugendbildungsstätte. Schriftenreihe »Kleine Schriften zur Erlebnispädagogik« Heft 3. Klaus Neubauer. Lüneburg 1988

Weinholz, M.: Freiluftleben. Eine erlebnispädagogische Lebensphilosophie und ihre Chancen bei der Entwicklung junger Menschen. Schriftenreihe »Schriften – Studien – Dokumente« Band 5. Klaus Neubauer. Lüneburg 1989

Welbergen, J. C. (Hrsg.): Die Jugend und ihre Zukunftschancen. Ein Symposium mit Jugendlichen und Vertretern aus Wissenschaft, Wirtschaft, Politik und Verwaltung. Deutsche Shell Aktiengesellschaft. Hamburg 1979

Witte, M. D.: Erlebnispädagogik: Transfer und Wirksamkeit. Möglichkeiten und Grenzen des erlebnis- und handlungsorientierten Erfahrungslernens. Mit einem Vorwort von Torsten Fischer. Verlag »edition erlebnispädagogik«. Lüneburg 2002

Ziegenspeck, J.: Lernen fürs Leben – Lernen mit Herz und Hand. Vortrag zum 100. Geburtstag von Kurt Hahn (1886–1974). Schriftenreihe »Wegbereiter der modernen Erlebnispädagogik« Heft 1. Klaus Neubauer. Lüneburg 1986

Ziegenspeck, J.: Kurt Hahn und die internationale Kurzschulbewegung. Ein Beitrag zum 100. Geburtstag des Reformpädagogen. In: Kurt Hahn. Erinnerungen – Gedanken – Aufforderungen. Beiträge zum hundertsten Geburtstag des Reformpädagogen. Ziegenspeck, J. (Hrsg.). Schriftenreihe »Schriften – Studien – Dokumente zur Erlebnispädagogik« Band 2. Klaus Neubauer. Lüneburg1987

Ziegenspeck, J.: Erlebnispädagogik. Grundsätzliche Anmerkungen und ein Literaturbericht zu einer praktischen Wissenschaft und wissenschaftlichen Praxis. In: Neubert, W.: Das Erlebnis in der Pädagogik. Schriftenreihe »Schriften – Studien – Dokumente zur Erlebnispädagogik« Band 7. Klaus Neubauer. Lüneburg 1990

# Die Autorin

Bild: www.fotonis.de, Fotostudio Achldorf


## Annette Reiners

- Organisations- und Führungskräfteberatung
- Teamsupervision und Prozessbegleitung
- Spiel- und Konzeptentwicklung

Meggendorferstr. 78
80993 München
mail@annette-reiners.de
www.annette-reiners.de


***Ich freue mich über neue Anregungen oder Spiele für den Band „Praktische Erlebnispädagogik 3“!***

***DANKE***